## 《盘念珠养生操》
# 编 委 会

**主　编**　张　明

**副主编**　陶雪芬　刘　怡
　　　　　杨收平　郭润利

**编　委**　庄　重　曹　骏
　　　　　释持礼　杨晓辉
　　　　　秦剑君　李晓龙

## 内容提要

本书将念珠文化和中医结合，在养生、养心方面进行了很好的探索。在快节奏的生活中，时常做一做盘念珠养生操，能带来不一样的养生感受和奥妙，一定会有益于身心健康。本书适合喜欢念珠、关注中医养生的百姓阅读参考。

中医外治养生操图解丛书

# 盘念珠养生操

丙申冬月 伟义题

张 明 主编

中国中医药出版社
·北京·

## 图书在版编目（CIP）数据

盘念珠养生操 / 张明主编 . —北京：中国中医药出版社，2017.6

（中医外治养生操图解丛书）

ISBN 978 – 7 – 5132 – 4130 – 4

Ⅰ . ①盘… Ⅱ . ①张… Ⅲ . ①保健操—图解 Ⅳ . ① G831-64

中国版本图书馆 CIP 数据核字 (2017) 第 070095 号

---

**中国中医药出版社出版**

北京市朝阳区北三环东路 28 号易亨大厦 16 层

邮政编码　100013

传真　010 64405750

廊坊市晶艺印务有限公司印刷

各地新华书店经销

开本 710×1000　1/16　印张 14.5　字数 201 千字

2017 年 6 月第 1 版　2017 年 6 月第 1 次印刷

书号　ISBN 978 7-5132-4130-4

定价　49.80 元

网址　www.cptcm.com

**社 长 热 线　010-64405720**

**购 书 热 线　010-89535836**

**侵 权 打 假　010-64405753**

**微信服务号　zgzyycbs**

**微商城网址　https://kdt.im/LIdUGr**

**官 方 微 博　http://e.weibo.com/cptcm**

**天猫旗舰店网址　https://zgzyycbs.tmall.com**

如有印装质量问题请与本社出版部联系（010 64405510）

# 前言

　　随着社会生活节奏的加快，许多人在学习和工作中遇到一些问题，造成的心理困扰无法排除，甚至身心俱疲。身体的疲惫易恢复，但持久的心理疲惫会影响身体的健康，易造成亚健康状态，继而发展为身心疾病。身心健康是一切事业的基础和前提。不论你的事业成就有多大，如果失去了健康，就失去了意义。在当今竞争激烈的社会中，很多人为了事业去拼命工作，以牺牲健康为代价，是不可取的。身心健康不仅是个人事业成就的保障，也是促进社会和谐发展的重要保障。

　　现代人多重视健康养生，但重视健康养心的却不多，其实，养生应先养心。心病往往比身体上的疾病更难治愈。中医强调情志偏颇会致病，注重情志养生，认为怒伤肝、喜伤心、思伤脾、忧伤肺、恐伤肾。而佛家强调静心，减少情绪波动，保持平和的心态，身心清净放松，因而不会生出由情志所致的各种疾病，这与中医学情志致病理论的认识是相通的。

　　国家卫生和计划生育委员会2016年首次推出了"5125"健康生活理念。"5125"的谐音是"我要爱我"，这一理念强调公众应当关注"身""心"两方面的健康，建议市民每天给自己留5分钟发呆的时间。国内、外众多科学研究者证实了禅修静心对身心健康的积极作用：有研究者发现，每天静思两次，每次20分钟，对预防和治疗心血管疾病是有效的，并可作为传统心脏病治疗的辅助手段。科学家还发现，静坐时大脑出现的大量 α 波，可明显促进一种激素的分泌，促使血管扩张和血流畅通，并使人体组织细胞进行代谢不可缺少的物质明显增加，从而增强了人体的免疫功能。

　　本书共分五篇：第一篇介绍了健康的新标准，亚健康的危害，念珠和养生文化；第二篇讲述了富有哲理而使人感悟的念珠的历史故事，念珠的种类、使用和保养收藏的注意事项；第三篇阐述了盘念珠养生的中医原理、养生手法、准备知识，47种病症的盘念珠对症祛疾养生操，盘念珠四季养生操及配制24节气茶的方法，盘念珠静心、祛烦躁、祛焦虑、祛忧郁操及配制相应茶的方法；第四篇介绍了念珠与体质调理，包括如何知道自己的体质类型、特点和判定，盘念珠九种体质调理操及配制相对应调理茶的方法；第五篇介绍了普及版盘念珠养生操，供读者日常选用。

　　本书是对念珠文化和中医养生结合的积极探索，希望本书的出版，能让读者在现代快节奏的生活中，面对烦恼喧嚣时，时常留下片刻空闲，静下心来，轻轻地转动盘玩手腕上那一串念珠，做一做盘念珠养生操，品一品相应的调理茶，感悟不一样的养生奥妙，一定会有益于身心健康。在本书编写过程中，得到南京中医药大学王启才教授的悉心指导，在此表示衷心感谢！也特别鸣谢当代诗书画僧传义大和尚在佛学方面的指导并题写书名！限于编者的水平，对于本书中的不足之处，希望读者提出宝贵的意见和建议，以便进一步完善。

张　明

2017 年 3 月

# 目录

1

# 目录

第三篇　盘念珠，带给您不一样的养生感受　|　035

# 目录

# 目录

## 目录

# 目录

6

第一篇

# 盘出健康

# 健康新标准

世界卫生组织（WHO）在 1978 年国际初级卫生保健大会上发表的《阿拉木图宣言》中重申：健康不仅是没有疾病或不虚弱，且是身体的、精神的健康和社会适应良好的总称——三个层面健康。1989 年，WHO 对健康做了新的定义，即"健康不仅是没有疾病，而且包括躯体健康、心理健康、社会适应良好和道德健康"。由此可见，健康不仅是指躯体健康，还应该包括心理、社会适应、道德品质的相互依存、促进和有机结合。人体在这几个方面同时健全，才算得上真正的健康——四个层面健康。

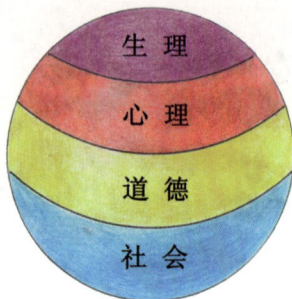

这种新的健康观念使医学模式从单一的生物医学模式演变为生物－心理－社会医学模式。这个现代健康的概念是对生物医学模式下健康的进一步补充和发展，它不仅考虑到人的自然属性，还考虑到了人的社会属性。说明人是社会的人，人的身体状况是受社会、精神因素影响的。由社会、精神因素引起疾病的例子很多，在预防、诊断和治疗疾病时，不仅要考虑到身体的情况，还要考虑到社会、心理、精神、情绪等因素对人体健康的影响，从而修正了人们对健康的片面认识。

# 亚健康及其危害

## （一）何为亚健康

现代人的健康情况又是怎样呢？依据上述标准，世界卫生组织的全球调查结果显示，真正符合健康定义、达到健康标准的人群只占总人口的 5%，约 20% 的人群是需要诊治的病人，其余 75% 的人群处于健康和患病之间的一种过渡状态，称为亚健康状态。所谓亚健康，即人体处于健康与疾病之间的一种体质状态，表现为活力降低、功能和适应能力减退，不符合现有疾病分类中的疾病诊断标准。国内有学者认为，亚健康状态主要表现为植物神经功能紊乱和机体各器官功能性障碍，易出现精神、胃肠道、心血管、肌肉四方面的症状，具体表现如下：躯体方面表现为疲劳乏力，体力活动后全身不适，体力难以恢复，体质虚弱，免疫功能低下，易患感冒、咽喉不适、口腔黏膜溃疡等；胃肠功能紊乱，食欲不振；关节痛，肌痛，头痛，胸闷，心悸，气短；失眠或嗜睡，眼睛易疲劳，视物模糊。心理方面表现有健忘，头脑不清醒，记忆力下降，精神不振，情绪低落，对事物缺乏兴趣，抑郁寡欢，常常感到孤独无助，烦躁，情绪不稳定，紧张，易怒，焦虑等。社会交往表现环境适应能力和反应能力减退，人际关系不协调，家庭关系不和谐。

### （二）亚健康的危害

亚健康目前已经成为严重危害人们身心健康的"隐形杀手"。国内外研究发现，造成亚健康的主要原因是身心疲劳和因衰老、疾病前期引起的免疫系统功能下降，以及身体各个系统功能的失调，是大多数慢性非传染性疾病的疾病前状态。亚健康状态明显影响工作效能和生活、学习质量，甚至危及特殊作业人员的生命安全，如高空作业人员和竞技体育人员等。心理亚健康极易导致精神心理疾病，甚至造成自杀和家庭伤害。多数亚健康状态与生物钟紊乱成因果关系，直接影响睡眠质量，加重身心疲劳。严重亚健康可明显影响健康寿命，甚至造成英年早逝、早病和早残。因此，有专家认为，提高社会适应能力、增强自我心理调节能力，降低压力、缓解疲劳和提高免疫功能是改善亚健康的重要手段。

## 三 扁鹊的故事

据史料记载，有这么一个古代名医扁鹊论医术的故事。有一次魏文王询问扁鹊：你们家兄弟三人都精于医术，但是到底谁的医术最好呢？扁鹊回答说：长兄最佳，仲兄次之，而我是三兄弟中最差的一个。魏文王惊讶地问：那你为什么却是你家最出名的一个？扁鹊回答说：我的长兄治病，是在病情未发作之前治疗，由于大家都不知道他能够观疾病于未起之先，及时将疾病的病因铲除，他的这些本领只有我们家里的人知道，别人无法知晓，因此他的名气无法传出去。而我仲兄的医术，是治病于病情初起之时，及时将疾病清除于未祸之先，人们以为他只能治疗一些小毛病，所以他的名气不大，只有本地人知晓。可是，我治疗的病例，大都是病情严重之时，我给病人治疗的过程，其家人能够眼见目睹，所以大家都以为我的医术高明，名气也就传遍了列国。

## 四 念珠与养生

念珠，又称数珠、诵珠、咒珠，现代人多习惯称为手串、佛珠。作为宗教修持所用的物品，念珠被赋予了特殊的意义，在世界各种传统宗教中基本都有使用，宗教的不同赋予了不同的珠子数目和独特的含义。在佛教中，念珠最初是印度的波琉璃王请释迦牟尼佛开示清除烦恼的方法。佛陀就教他用木槵子树的种子穿成珠串，持佛号消除烦恼。而在中国汉传佛教中，念珠最早记载于隋唐净土宗道绰大师。千百年传承下来，念珠不仅是参禅悟道的工具，而且已经演变为众生祈福的装饰物件，被赋予了诸多美好的愿望，也是集把玩、鉴赏于一体的特色收藏品。我们且不谈佛教信仰中那些神奇的传说，能让人在现代快节奏的生活中，面对烦恼喧嚣时，轻轻地转动盘玩手腕上的那一串念珠，并在盘念珠的过

程中，静下心来，清除杂念，品一品调理茶，感悟不一样的修行，也会带来不一样的养生感受，一定会有益于身心健康。也许这就是越来越多人喜欢念珠的原因，使念珠在宗教寓意之外，也成为追求时尚的一种彰显品位的装饰。

佛教的宗旨是以修心为主，在佛教文化中，养生之道讲究的是养心，"静虑离妄念，持珠当心上""相由心生，境由心转，心系诸佛，珠可助道"。无论身边的环境和个人的处境如何，内心都一定要稳定，自静其心，自静其意，是较彻底的精神养生，是另一种层次的见解。谈中国的精神养生往往会谈到佛教的精神养生，芸芸众生，因情而困，为解脱困境和苦恼而求助于佛学的不乏其人。现代人由于工作与生活的压力和困扰，常处于亚健康状态，若不注意调理，易发展为疾病，心病往往比身体上的疾病更难治愈。佛法对心理疾病特有的调节作用，远早于西方的心理学，有的学者认为佛法是帮助解决人生烦恼的一种心的智慧。

近年来，国家非常重视中医治未病，防治亚健康，国家卫计委已将中医治未病纳入基本卫生服务。随着治未病健康工程的启动，一个以治未病为核心理念的极具中医特色的预防保健服务体系正在形成，运用中医药丰富的养生、保健、预防的理念、手段和方法治未病、调治亚健康，有得天独厚的优势和特色。中医学认为，七情致病，注重情志养生，认为怒伤肝、喜伤心、思伤脾、忧伤肺、恐伤肾，而佛家认为，心静则神安，神安则精神皆安，精神安则心不乱，百病息，这与中医学善调己心、促五脏和谐、疏通经络、调和气血的理论是一致的。运用如今盛行的念珠，盘念珠养生保健，养心多于健身。时常让自己心平气和、心无杂念地盘玩片刻，有助于消除疲劳、改善睡眠、调理亚健康。同时，通过手指的运动，刺激、按摩手部的经脉和穴位，达到疏通经络、调和气血、舒筋健骨、安神活血的作用，对预防心脑血管疾病大有益处。念珠也是传承中国传统文化的一个载体，盘念珠，捏珠数，使您身心收益。念珠盘出智慧开，驱烦心安得自在。自己用心盘出的念珠，也会成为自己文玩收藏的无价之宝。品茶盘念珠，修心悟养生，是融合念珠文化和中医养生文化的一种积极的探索，极具推广优势。

第二篇

# 念珠的知识

# 念珠的历史故事

世界上有很多宗教都用念珠，也记载了很多有趣的、富有哲理而使人有感悟的关于念珠的故事。

## 1. 火车上的念珠故事

著名的索达吉堪布上师讲过一个故事：有一位大学生在火车上看见一位老者手持念珠，口中念念有词，就问老者：你还信这过时的东西？老者答：我信。大学生说：去了解了解科学对它的解释吧。老者说：我不懂这方面的科学。大学生说：请留下地址，我寄些书给你看。于是老者递上一张名片，名片上面写着：路易士‧巴斯德，巴黎科学研究院院长。大学生看过名片后，脸一下子就红了。

## 2. 佛陀和念珠的故事

《佛说木槵子经》中记载：佛陀驻锡灵鹫山说法，众多比丘和菩萨相聚在此。有一天，一位名为波流离的小国的国王，悄悄地前来求教佛陀：我的国家弱小，常遭邻国欺凌，国内也不安宁，瘟疫横行，内忧外患，老百姓日子过得很苦，让我甚感烦恼，忧心忡忡。请求佛陀告诉我，如何解脱苦恼？佛陀告诉他，用 108 颗木槵子树的种子串成念珠，随身携带，行住坐卧时手掐念珠，心里念一声佛号，过一粒珠子，如此周而复始，心中烦乱就会渐渐平息，自然安乐。国王听闻后，心中欢喜，感谢佛恩后，回去置办了 1000 条木槵子念珠，分赠六亲眷属及人民。后来这位国王诚心念佛，国内大街小巷都可看到持珠诚心念佛的人。一段时间后，不可思议的是，国境渐渐安定，瘟疫也不再流行了，全国洋溢着安详和平的气氛，国王从此更是精进向佛。据说这就是佛教念珠的由来。

## 3. 佛祖念珠去哪了的故事

有一座寺庙，因藏有一串佛祖戴过的念珠而闻名，只有庙里的老住持和他的七个弟子知道供奉这串念珠的地方。这七个弟子都很有悟性，

将来把衣钵传给他们中的任何一个，老住持都觉得佛法可以传承下去。

不想有一天老住持召集七个弟子问："念珠不见了，你们谁拿了念珠，只要自己放回原处，我就不去追究，佛祖也不会怪罪的。"弟子们都摇头。

七天后念珠依然不知去向。老住持又说："你们谁拿了念珠，只要承认了，念珠就归谁。"又过去了七天仍然没人承认。老住持很失望地说："明天你们都下山吧。拿了念珠的人，如果想留下就留下吧。"

第二天，只有一个弟子留了下来，其他六个弟子长长地舒了口气，收拾好东西，清清白白地走了。

老住持问留下的弟子："念珠呢？"弟子说："我没拿。"老住持又问："那你为何要背个偷窃之名？"弟子说："这几天我们几个相互猜疑，有人站出来，其他人才能得到解脱。再说，念珠不在了，佛还在呀！"

老住持笑了，从怀里取出那串念珠戴在这名弟子手上。

有些事情不一定都要说清楚，这就是法，办法，妙法。这不仅是一种境界，更是一种大智慧。否则要一串珠子，意义又何在呢？

### 4. 从麻豆到念珠的故事

念珠在佛教中也被称为"拴马索"，隐喻人心就如狂奔的野马，杂念纷飞而不停息，念佛的修行者常把念珠作为必备之物，手掐念珠，以遏制妄想，让心回到眼前。

古代大德高僧中，持珠念佛最著名的要数隋唐的道绰大师。道绰大师为使信众在念佛时能更好地收摄身心，就教大家在念阿弥陀佛名号时，以麻豆计数，每念一次放一粒，累计得数百斛之多。后来大概是认为这种方法麻烦吧，他就穿木槵子念珠来计数，并且学习《佛说木槵子经》中的国王，穿了许多串珠送给别人。渐渐地，这种穿珠子念佛的方法开始在信众中广为流传。

据说道绰大师七十岁时，还有龀齿新生，一如童年，容光焕发，神气清健，弘讲净土修行，滔滔不绝。大师于时年八十四与道俗告白，玄中寺入寂。

### 5. 一百零八颗念珠的故事

传说释迦牟尼佛的弟子中，有一个弟子经常借佛陀的名气在人间横行霸道，无恶不做，百姓看见他都跑得老远，因此他走到哪里都没有人。有一次，他走了一座山又一座山，还是没见一个人，因筋疲饥饿昏睡过去了。

离他昏倒的地方不远处，佛陀化成卖汤圆的老翁，高声嚷嚷卖汤圆了，大的汤圆一吊钱一个，小汤圆三吊钱一个。人们一听都去买汤圆吃了。等这个弟子慢慢醒来走过去，大的汤圆都买光了，他只好吃小的汤圆了，一共吃了一百零九个汤圆才吃饱，他问老翁多少钱，老翁告诉他一共是三百二十七吊钱，他苦笑着说：你是不是算错了，哪要这么多钱，我只吃你最后一个才吃饱嘛，扔下三吊钱便向山下走去。

老翁站在原地高声说：你还有一百零八个汤圆没有付钱，把汤圆吐出来吧！弟子回头看了一眼，仍然不理不睬地走了，突然两座山移到一起把他挤在中间，这时候汤圆在他的肚里变成了一条铁链，从他的口里吐了出来，吓得他口吐白沫，痛得在地上打滚，跪地求饶。老翁突然变成了佛陀，他这才醒悟，立刻发誓愿，今生不成佛，世世不成人。就这样，他跟随了佛陀成了大鹏金翅鸟。据说一百零八颗念珠就从这里开始的。

### 6. 念珠和小偷的故事

传说有一位独自居住在山中寺庙的禅师。在一个寂静姣好的月夜，晚归的禅师看到穿衣单薄、两手空空的小偷。禅师说：天凉了。随即脱下自身的外衣披在小偷身上，望着小偷远去的背影，禅师为小偷默默地祝愿：希望我能送他一轮明月。那晚，月光映照着禅师赤着的上膊，禅师手里捻动念珠打坐到天明。

第二天，禅师睁开眼睛，看到了放在门边叠得整整齐齐的自己的外衣。自此往后，那个小偷不染纤尘地做人，因为，他收获了一轮明月。而禅师在度人度己中已经超凡脱俗，修得了万年的佛缘。

### 7. 念珠变成羊粪蛋的故事

传说很久以前，有一个老婆婆，家里养了很多羊，每天放羊时，手里的念珠一直在捻，口里的阿弥陀佛一直在念，一生未停。多年后，捻坏了的念珠整整装了一麻袋。当她老了回忆自己的一生时，有些想不通，自己这样虔诚地念了一生，为何既没有见到佛菩萨，又没有得到任何利益，而且身体不好，病了一辈子。她甚至怀疑到底有没有佛菩萨。一天她找到了一位著名的上师，要把这件事弄清楚。见到上师后她恭敬地磕了三个头，并把她念了一辈子的一袋子念珠供养给了师父。她问上师："世上到底有没有佛菩萨？念佛到底有没有功德？如果有，我这么虔诚，为什么一点儿感应都没有？我所求的为什么啥也没得到？"上师在禅定中已知道了缘由，就让她把拿来的一袋子念珠倒进锅里，添水点上火煮。煮了一会儿，上师说："你把锅盖打开，看看里边是什么？"老婆婆打开了锅盖，一下子惊呆了，竟是一锅羊粪蛋儿。"这是怎么回事呢？"她百思不得其解。

上师告诉她说："你念佛时嘴里念着阿弥陀佛，心里想的全是羊，羊毛、羊奶、羊肉，母羊什么时候产崽儿，小羊什么时候长大，长大后能卖多少钱，还能买多少小羊……尽管你念了一辈子阿弥陀佛，可是你的心里从来没有阿弥陀佛。"

## 8. 苏东坡与高僧的念珠故事

宋代大文豪苏东坡，因爱好佛学，与高僧佛印禅师是很要好的朋友，交谊深厚，不但常在一起谈禅论道，而且也时常在一起开玩笑，有许多富含人生哲理的故事流传下来，成为佛门的千古佳话，以下是其中与念珠有关的故事。

一次苏东坡与挚友佛印禅师一起在郊外散步，途中看到一座观音的石像，佛印立即合掌礼拜观音。苏东坡顺着禅师礼拜的地方看去，别处的观音都是一手执草，一手执净瓶，而这尊观音石像与别处的不同，一手竖掌，一手执念珠。苏东坡不解地问："观音本来是我们要礼拜的对象，为何他与我们同样手持念珠，观音到底在念谁呢？"佛印禅师说："这要问你自己。"苏东坡说："我怎知观音手持念珠念谁？"佛印禅师说："求人不如求己。"苏东坡当时因蒙冤被贬，初到黄州，他不写诗、不作文，心灰意冷。余秋雨在《东坡突围》中也写道："在这一过程中，佛教帮了他大忙……"禅师的点化开悟，使苏东坡心灵受到启发，实现突围，写下了《念奴娇·赤壁怀古》等名篇传世。

这个故事启示人们：不论别人如何对你，命运始终掌握在你自己的手里，也会感慨读万卷书不如行万里路，行万里路不如阅人无数，阅人无数不如名师指路。

# 念珠的种类

## （一）念珠的使用分类

1. 持珠——用手持或掐捻的念珠。

2. 佩珠——戴在手腕或臂上的念珠。

3. 挂珠——挂在颈上的念珠。

## （二）念珠的材料分类

### 1. 有机宝玉石类

宝石，因其鲜艳的颜色，灿烂的光泽，晶莹的质地，且坚硬耐久又存世稀少，得到人们的喜爱。比较常见的宝石种类有：水晶、石榴石、琥珀、砗磲、珊瑚、碧玺、绿松石、青金石及玛瑙等，但上述宝石远没有金刚石、红宝石、蓝宝石、祖母绿这四大宝石名贵，因四大宝石异常珍贵，故用这些宝石制造的念珠，历史上多为皇室或富商等所持用。

玉石，有广义与狭义之分。广义的玉石包括许多用于工艺美术雕琢的矿物和岩石，如寿山石、青田石、昌化石、巴林石、端砚石等。而狭义的玉石仅指以缅甸翡翠为优质代表的硬玉和以和田玉为优质代表的软玉两种。千百年来，玉石象征吉祥，传说佩戴玉石可以避邪和带来幸运，采用玉石制造的念珠，也就越发受到人们的喜爱了。

（1）**水晶念珠**：水晶种类繁多，有白水晶、黄水晶、紫水晶、绿水晶、茶水晶、墨水晶等等。其中以白水晶最为殊胜，据说在佛教经典中，观世音菩萨手中所持的念珠即为白水晶所制成。白水晶是佛教七宝之一。天然水晶在大自然中吸收了能量，据说常常佩戴天然水晶可以改变自身的能量及磁场，从而保持身心愉快。李时珍《本草纲目》中记载：水晶性寒，无毒，主治惊悸、赤眼、心热等疾病。因此，水晶也有健康之石的美誉，所以水晶备受喜爱，除了它独有的装饰美感外，很多人相信可以通过水晶的天然能量，带来改善运势、旺缘健身的功效，给人们以帮助。

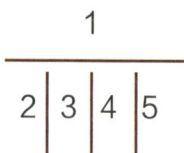

1. 白水晶

2. 茶水晶

3. 紫水晶

4. 黄水晶

5. 绿幽灵水晶

（2）石榴石念珠：据说石榴石念珠可以加强佩戴者的亲和力和魅力，还有助于改善生殖系统功能，可以加强自身细胞的再生能力。对于女性，据说长期佩戴石榴石念珠可以有效地改善妇科方面症状。因石榴石在宝石中质地比较软，近代才有人将它制成念珠。

石榴石

（3）琥珀念珠：琥珀是松树、柏树的树脂埋在地下千万年矿化而成的矿化石，又被称为树脂化石或松脂化石。琥珀是唯一有生命的"活

蜜蜡

根珀

化石"，其质地轻，手感油润，是佛教七宝之一。李时珍《本草纲目》中记载：琥珀安五脏，宁心神，止血化瘀，去毒。据说它吸日月之灵气而变得通灵。人们佩戴琥珀时，琥珀所含微量元素会渗透到肌肤中，能够促进血液循环，将血液中有害的物质通过汗液排出体外。常见的琥珀种类有：蜜蜡，金珀，金蓝珀，血珀，棕红珀，红茶珀，绿茶珀，绿珀，虫珀，蓝珀，花珀，翳珀，珀根，缅甸根珀等。市场上有许多琥珀赝品和仿品，要注意鉴别，以防买到假货。

蓝珀

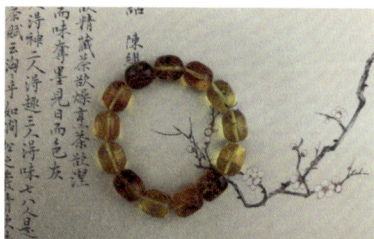

虫珀

血珀

（4）砗磲念珠：砗磲是深海中的一种贝类，其体积巨大，贝壳厚，属于非常珍贵的材料。去掉砗磲的表层，中间部分会显现出变幻莫测的光晕，有些地方还有半透明的乳状感，甚为美丽。

砗磲

砗磲是佛教七宝之一。《本草纲目》记载：砗磲有镇心、安神作用，能增强免疫力、稳定情绪、改善失眠、去除浊气。据说砗磲有消灾避邪、保符平安的作用，能协助加强磁场，为祥瑞之物。常见的有白砗磲、黄金砗磲两种，而黄金砗磲更难得。

（5）**珊瑚念珠**：珊瑚是海洋中的一种腔肠动物的产物，其色泽有红、白、黄等多种，其中以红色为最佳，成材的珊瑚一般要生长数万年，而且红珊瑚产量稀少不易开采，价高于黄金。《本草纲目》中记载，珊瑚具有"去翳明目，安神镇惊，可用于目生翳障，惊痫，鼻衄"等功效。近代医学研究发现，红珊瑚还具有促进人体的新陈代谢及调节内分泌的功能。据说佩戴红珊瑚有祛病、养颜等功效，是佛教七宝之一。现今珊

珊瑚

碧玺

瑚已经成为了世界保护的濒危动物。

（6）碧玺念珠：碧玺又称电气石，是一种硼硅酸盐结晶体。由于内含铁、铝、镁、钠、钾、锂等化学元素，而呈现万花筒般的色彩，被誉为落入人间的彩虹仙子，又被称为风情万种的宝石。其中，以红碧玺、蓝碧玺、双色西瓜碧玺为佳，一直以来为皇家所喜爱，慈禧太后尤其喜爱碧玺。由于碧玺的谐音为"辟邪"，加上绚丽多姿、千变万化的特点，是非常受女性欢迎的彩色宝石。碧玺又称愿望石，据说能帮助人们达成愿望。

（7）绿松石念珠：绿松石是一种古老的玉石。在藏族的传统中，绿松石是女孩子的幸运石，佩戴绿松石是对爱人的长寿祝福，藏族人甚至把绿松石当作是绿度母的化身。据说绿松石是具有辟邪祈愿功效的灵玉。佩戴绿松石在藏族也是身份地位的象征，中国清代称其为天国宝石，视为吉祥幸福的圣物。经典名故"完璧归赵"中的那块"璧"就是我们现在所青睐的绿松石。绿松石有成功之石的美誉，古代被视为珍贵的宝石，成为随身携带的天然护身符。

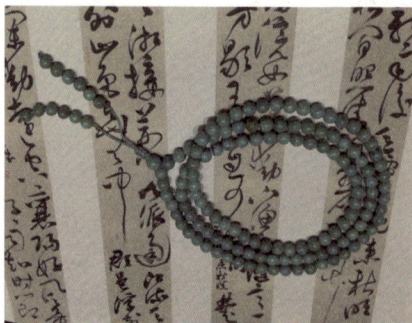

绿松石

绿松石

（8）青金石念珠：青金石是最古老的装饰用宝石之一，由于它的色泽使人心情平静犹如置身蓝天一样，所以有"天之石"之美誉。其色为深蓝色，上面有一些铜矿金色斑痕，由此得名青

青金石

金石。青金石因其色相如天，备受历代皇帝珍视，在清代还将其制成朝珠和其他器皿供佛祭祖。据说青金石念珠很适合在冥想时使用，它可以平定心情，消除焦躁，是制作念珠的上品材料。

（9）和田玉念珠：自古以来，玉是珍贵的宝石，在《神农本草》和《本草纲目》中都有记载：和田玉具有除热、止渴、润心肺、助声喉、滋毛发、滋养五脏、柔筋强骨、安魂魄、利血脉、明耳目等疗效，按照颜色分类可分为白玉、青玉、墨玉、黄玉四大类。以新疆和田地区所产的羊脂白玉最为珍贵，色泽白腻，手感润滑，离体凉而贴体温润。新疆、青海、西藏、内蒙古地区的人们将其制成玉佩来作为护身符用，民间传说是"玉碎而人平安"。

| 1 | | 3 |
| 2 | | |

1. 碧玉
2. 羊脂白玉
3. 墨玉

（10）黄龙玉念珠：黄龙玉是近年来被发现的，质地细腻，密润清透，色泽金黄，被人们称为"硬质田黄"的中国最好的新玉。经云南省观赏石协会考察、采样、研究、鉴定而命名为黄龙玉。

**黄龙玉**

（11）翡翠念珠：翡翠是一种非常珍贵的材料，虽然在佛教中未曾提及，但据说因乾隆皇帝喜欢，而成为珍贵的宝物，有皇家玉的美誉，又被称为玉石之王。翡翠价格昂贵，其上品者为翠绿色，质地坚硬，其硬度可达到 7 以上。清代达贵多以此作为身份财富的象征。翡翠也成为馈赠亲朋的珍品，世代相传的收藏品。

**翡翠**

**三彩翡翠**

（12）**玛瑙念珠：**有记载说，因为玛瑙的原石外形与马脑相似，故而称为"玛瑙"，在古代称为玉髓，属于硬玉类，种类繁多。玛瑙以其色彩斑斓、绮丽多姿，自古就被视为美丽、吉祥、富贵、幸福的象征。制作念珠的主要种类为红玛瑙和缠丝玛瑙。玛瑙是佛教七宝之一。据说身上经常发热、发烫，包括手汗、手热者，可以长期接触玛瑙来改善症状。玛瑙念珠中珍贵的品种有药师珠玛瑙念珠、南红玛瑙念珠、战国红玛瑙念珠等。

药师珠玛瑙

战国红玛瑙

南红玛瑙

## 2.果实（核）类

果实（核）类念珠，人们随意都可以罗列出不少的种类，这其中有以桃核、橄榄核为代表的果核类；以木槵子、椰壳为代表的果实类，而菩提子是最为人们熟知的一类念珠。释迦牟尼在菩提树下悟道成佛，因此菩提树是觉悟的象征，菩提子便成为了修法的最佳材料。其实，菩提子并非菩提树所结的果实，而是一种产于雪山附近，名字叫川榖的草本植物。以菩提命名的念珠质料，共有几十个品种，其中有以产地来命名的，也有以纹理来命名的，如星月菩提、凤眼菩提等。

（1）**桃核念珠：**桃木亦名"仙木"。据传桃木可以驱鬼，桃符可以辟邪，古人还用桃枝洗澡，以避邪气。桃木具有的神力，根植于古代人们认为桃树是为百鬼所惧的神秘观念。桃核坚硬，可以用来雕刻制作具有各类深刻含义的念珠。

桃核

桃核

（2）**橄榄核念珠：**橄榄核坚硬如石，用橄榄核雕刻的罗汉造型生动、须发清晰可见，是用来制造念珠极棒的材料。一般认为，苏南地区的橄

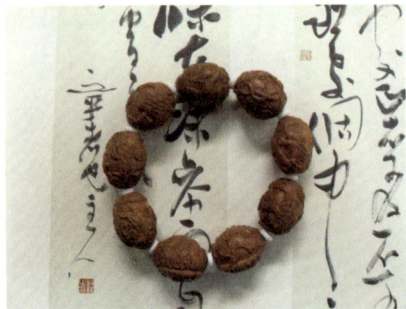

橄榄核

橄榄核

榄核雕，因其技艺高超，雕工细腻而比广东和北方的价格偏高些。橄榄核念珠随着盘玩时间的增长变得深红发亮，是难得的随身携带的法宝。

（3）**木槵子念珠**：木槵子是一种生长在高山上的乔木，其种子呈球形、黑色、光亮、坚硬，将其用力摔在硬地上，弹跳三、四米都无损。在《佛说木槵子经》中，佛陀曾教导波流离王，用木槵子来制作念珠，因而使得后世的佛教徒均喜爱木槵子念珠，意喻为未有忘却佛陀的教诲。用木槵子制成的念珠，捻动时不但手感极好，且非常耐用。

木槵子

木槵子

（4）**椰壳念珠**：椰树是一种生长在热带地区的常绿乔木，果实称为椰子，椰子的壳可用来制造念珠。佩戴盘玩椰壳念珠，冬不凉手，夏不畏汗。据清代《随园诗话》中记载："近来习尚，丈夫多臂缠金镯，手弄椰珠，余颇以为嫌。"《滤月轩文集》中记载："乾隆年间，户部侍朗赵秉冲，精选一串椰子数珠，珍比千狐之腋。"可见用椰壳来制作念珠在清朝就已经很常见，有数百年的历史了。

椰子

椰子

椰片

（5）菩提子念珠：现如今，菩提子寓意觉悟与智慧，蕴含着人们对生活的信仰。越来越多的人喜欢佩戴菩提子制作的念珠。持珠佩戴不单美观大方、别致典雅，又可修身养性。信仰佛教者，大多有一串菩提念珠。

①星月菩提念珠：质地坚硬，其上有一个大圆洞代表月亮，周围有很多的小点代表星星，如众星捧月，故称为星月菩提。念珠盘久后可以逐渐变黄、变红，表面出现丰富的裂纹，犹如瓷器釉层美丽的裂纹开片，而念珠表面会变为血珀般的半透明状，为星月菩提所独有。目前，盘星月菩提念珠的人越来越多，据说可驱邪避祸，增吉祥。

星月菩提

星月菩提

星月菩提

②凤眼菩提念珠：顾名思义，凤眼菩提形状如凤目。在佛教中，凤眼象征祥瑞而备受推崇。如果持有者拥有真诚的敬意和平静的心情，就能够带来更好的心境而有益于身心。藏传佛教中的"菩提"多指凤眼菩提，亦是藏传佛教中极为推崇的念珠品类之一。

凤眼菩提

③金刚菩提念珠：金刚菩提树是一种大型常绿阔叶树木，多生长在海拔 2000 多米以上的高原地带，主要在热带和亚热带地区。金刚菩提一般为 2~17 瓣，不同瓣数有不同的神秘含义。金刚菩提坚硬无比，有无坚不摧、可摧毁一切邪恶之力的寓意，佛教密宗修金刚部时需用金刚子念珠，据说可以驱邪消灾、避祸增慧并带给人平安、吉祥、富贵和健康。

金刚菩提

### 3.竹木类

（1）**竹类念珠**：竹是一种多年生长的禾本木质常绿植物。经历寒暑，蒙受霜雪，枝叶仍然苍翠而不易被风雨所摧折，因此古代文人常把它喻为"临大节而不可夺之君子"。竹有篁竹，邛竹、文竹、箭竹、棕竹、桃枝竹、斑皮竹等类，都可用来制作念珠。

**竹念珠**

（2）**木制念珠**：木制念珠的种类繁多，比较常见名贵的木制念珠，多选用沉香、檀香、黄花梨、乌木、血龙木、黄金木、崖柏、金丝楠木等质料。

**沉香**

①沉香念珠：中国被誉为香的国度，既有宗教之香、祭拜祖先之香、中医香药香熏的药疗之香，也有感悟身心的香文化之香。沉香透着一种天然原生态的美，

有一种特殊香气，其香气有理气舒中、去烦解闷的作用，戴沉香念珠能稳定心神、助睡眠的作用。夏日佩戴能够闻到阵阵幽香，放松心情，缓解压力。据说长期佩戴沉香念珠有促进气血循环、抗衰老、辟邪的作用。

沉香被誉为植物中的钻石，有极高的收藏价值，价格以克为单位计算，依据其产地、油脂的含量而分级。目前市面上流通的沉香，抛开假货外，大部分都是人工沉香。

②檀香念珠：檀香是一味中药材，性温味辛，归脾、胃、心、肺经，有行心温中、开胃止痛等作用，外敷可以消炎去肿、滋润肌肤，熏烧可杀菌消毒、驱瘟辟疫，有调理肤质、防止老化的功效，还可去邪、去燥、杀菌、防虫、防蛀、防霉。由于其材料产量稀少，价格昂贵，加之有馥郁的香气，具有安抚神经、辅助冥思、静心提神的功效，被列为佛教五香之一。

檀香

③小叶紫檀念珠：小叶紫檀为紫檀中精品，密度大、棕眼小是其显著的特点，木质坚硬稳定，材质沉重，素有硬木之王之称，不易变形开裂。其生长速度缓慢，要数百年才能成材。小叶紫檀在生长的过程中，若是地下水富含矿物质，水中的矿物质会沉积其内，形成丝丝金星，盘玩久了呈深沉的紫红色或黑紫色而被人喜爱。《本草纲目》中记载，小

叶紫檀具有镇心安神、活血通络的作用。小叶紫檀有淡淡的香味，常戴小叶紫檀可以平衡人体阴阳，静心宁神、行气止痛。

小叶紫檀

④黄花梨念珠：黄花梨俗称降压木，也被称为红木中的大熊猫。《本草纲目》中称为降香，具有降血压、血脂、舒筋活血、促进血液循环、改善睡眠的作用。经常接触黄花梨念珠，吸收自然灵气，闻到淡淡的降香气息，让人神清气爽。因其树木生长非常缓慢，自古一木难求，价可夺金，属于名贵木材，海南特产，两广沿海、越南部分地区也有出产。海南黄花梨拥有奇特多变的纹理、花纹，如鬼脸、对眼等，是用其他木料难以仿造的。目前，海南黄花梨已经是国家一级保护植物。

黄花梨

黄花梨

⑤乌木念珠：乌木俗称阴沉木，是在几千几万年的地质变化中，由陷入地质深处的植物草木在缺氧高温和微生物的作用下形成的一种炭化木。李时珍在《本草纲目》中记载了乌木的药用价

乌木

值："乌木，甘、咸、平、解毒，又主（治）霍乱吐痢，取屑研末，用温酒服。"乌木散发出一种幽香，经常闻能使您神清气爽，精神愉悦。乌木独特的性质和功能，受到人们的喜爱。乌木也是一种不可再生资源，具有收藏价值，古人云"纵有珠宝一箱，不如乌木一方"。乌木也被认为是辟邪驱鬼之物，经常用来做成护身挂件。乌木的辟邪作用和念珠的灵气结合形成的乌木念珠，历来都被视为上等佳品。

⑥血龙木念珠：血龙木生长在印度尼西亚的原始森林，在多变的自然环境中顽强生长，不断吸收大自然的精华，经过数十年的磨砺，形成了特有的灵性。血龙木颜色呈血红色，无香味，木质细腻，油脂丰富，纹理有一种金丝木纹，强光照射下，会呈现出晶莹剔透的玉石般透光效果，是所有木种中独有的，被印度国王选为国王专用木材。

血龙木

⑦黄金木念珠：黄金木也叫黄金柚、金柚木，因木质呈黄金色而得名，产自非洲较多。我国海南产的黄金木最珍贵，是珍稀木种。黄金木材质光泽度强，纹理自然漂亮，结构均匀，木质坚硬，经常佩戴后颜色会变深，手感好且盘出来很漂亮，"猫眼"荧光效果明显。

黄金木

⑧崖柏念珠：崖柏是一种十分珍贵的木料，含油性高，有着很浓郁的香味，味道清凉，性质平和，闻香可以使呼吸顺畅，醒脑安神，改善精神状态，对于高血压引起的失眠、头痛、头晕、目眩有一定的效果。柏木香气被誉为"空气维生素"，有医学专家让癌症病人在柏木林中进行辅助治疗。现在很多人习惯把生长在悬崖、岩石缝隙等恶劣环境下，奇形怪状、香味醇厚、颜色或红或黄、或枯死多年的侧柏的树根或树干，统称为"崖柏"。

崖柏

⑨金丝楠木念珠：金丝楠木是中国特有的名贵木材，古代专用于皇家宫殿、少数寺庙的建筑和家具，帝王龙椅宝座、龙床也多选用优质楠木制作。金丝楠木幽香淡雅，经久不散，沁人心肺，具有醒脾化湿、

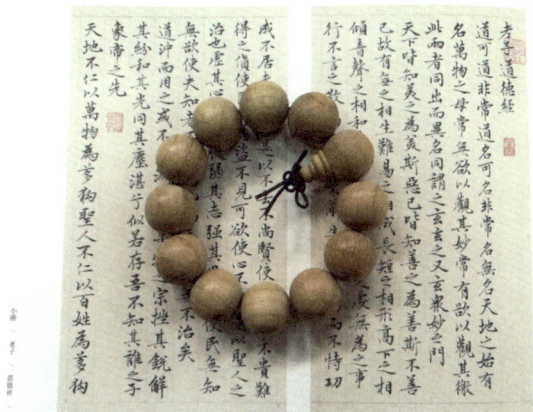

金丝楠木

祛疾除患、驱凶辟邪的功效。金丝楠木表面在阳光下金光闪闪，金丝浮现，纹理细腻，质地温和，被誉称为"软木之王"。

## 4. 其他种类

除了上述的各类之外，其余皆可属于此种类。兽角、兽牙等念珠深受藏传佛教徒的喜爱，但是目前国家对犀牛角、象牙等野生动物制品有严格的规定。在藏传佛教中甚至还有采用人类头骨来制作的念珠，手持或佩戴这些念珠，让人感受到神秘的宗教氛围，了知生与死的本来。还有采用陶瓷、紫砂等不同质料制作的念珠，读者欲了解这方面的更多知识，可参阅相关专著。

贝壳

# 念珠使用注意事项

念珠乃是修心之物,使用念珠时应保持内心的清净,心诚最为重要。

1. 念珠不应与别的金属首饰同时佩戴,以免碰撞损伤。

2. 念珠不应放在裤子兜里。

3. 去卫生间时,不要戴念珠或将念珠摘下放在上衣口袋里。

4. 洗手时将念珠取下保存好,含碱的肥皂会损害念珠并影响其光泽。

5. 念珠不要接触酸、碱物质,应避免化妆品沾染念珠。

6. 先穿戴好衣物,再佩戴念珠,避免穿衣服时勾到念珠造成脱落。

7. 抽烟、喝酒时不应佩戴念珠,更不该将烟吐到念珠上。

8. 持念珠时不应随意摇摆或晃动。

# 念珠的保养及收藏

制作念珠的材质不一样,念珠的保养和收藏方法也有不同。下面介绍几种常见念珠的保养及收藏方法。

## (一)有机宝石类念珠

1. 建议玉石念珠要经常佩戴在手上,人体会随时补充玉石的水分,使其润泽,经常用手触摸,会增强念珠光泽,这就是人们常说的"人养玉";若念珠沾有灰尘,应用软毛刷清洁,若有污垢或油渍附于玉面,应以温淡的肥皂水刷洗,再用清水冲净。切忌使用化学除油污剂。

2. 佩戴玉石念珠时,应该小心防止饰品间相互碰撞。玉石的硬度虽高,但是受碰撞后很容易开裂,有时玉石碰撞后,表面好像没事儿,但它的内部结构已受到损坏,并产生了暗纹,影响其观赏和收藏价值。

3. 念珠不佩戴时要放妥。最好是放进念珠袋或盒子内,以免擦花、磨花，造成刮痕或碰损。勿长期放置在柜面上，尘垢会影响透亮度。避免洗手时念珠放在洗手台上，防止不慎掉落地面。

4. 玉石性阴，切忌高温曝晒，高温或久晒下容易产生物理变化，会导致失水而干裂，失去色泽。

5. 尽量避免接触强酸溶液和化妆品，以防破坏玉石的结构和颜色。

6. 因玉石忌讳油烟、油腻，在炒菜做饭时不要佩戴念珠。

7. 几种常见玉石类念珠的特别注意点。

（1）水晶念珠因比较脆弱，佩戴时要小心。在清洗水晶时注意水温，避免因为高温而引起爆裂。水晶不要密封保存。不能放置在易致高温的容器中，避免因高温引起水晶表体的损害。

（2）琥珀念珠，因质地轻盈、硬度低，故非常害怕摔碰；清洗的时候应当轻轻擦拭，不能用刷子清洗。虽然琥珀不怕水浸泡，但强酸、强碱是其致命要害，也不应与酒精、香水、汽油、指甲油、发胶等接触，以免遭受腐蚀；避免高温烘烤，防止产生裂纹；应尽量将琥珀单独存放，避免其他硬物划伤。

### （二）菩提子念珠

菩提子念珠是最受欢迎和最常见的念珠，无论哪个季节都可以佩戴。以常见的星月菩提为例：因其是一种天然的植物籽种，不宜和水接触，更不能长期用水浸泡。夏季炎热，人体容易出汗出油，星月菩提喜油脂，手掌分泌的汗液、油脂等作用于星月菩提，经过日积月累的盘摸，表面形成光滑的包浆，逐渐变成深红色，使其表面更加玲珑剔透，佩戴在手上舒适而有品位。若念珠表面弄脏了，只需用小刷子蘸上橄榄油轻轻涂刷表面后用软布擦干即可。不佩戴时，一定要密封放置，以免被风干导致开裂等。

### （三）木质类念珠

属于天然材料的木质念珠，保养好才能越盘越好看和有灵性。

1. 新入手的木制念珠经过抛光打磨，表面比较亮，但如果在念珠表面还未形成稳定的包浆前佩戴，人体皮肤表面的汗液和油脂附在念珠表面，就会使念珠发乌，所以，新制作的念珠应先用软布或戴手套搓揉半个月后，再用干净的手盘玩，1~3个月会形成包浆，包浆是对念珠最好的保养。

2. 木制念珠应注意避免阳光曝晒，以防产生干裂；太干燥的环境也会让木制念珠开裂；而湿度太高则会引起念珠膨胀和害虫繁衍，要防潮，避免发霉。所以在不戴念珠时，应将念珠的表面擦拭干净，放在密封口袋中保存。除小叶紫檀念珠和黄花梨念珠等油性念珠外，也可以在念珠表面涂上橄榄油，用来滋润木珠。

3. 佩戴木制念珠时不要同时佩戴其他的金属首饰，以免碰撞变形，避免接触水气和化学制品。

4. 切忌水洗，也不要沾水，如果不小心沾上水，要尽快擦干。

5. 几种常见木制念珠的特别注意点。

（1）沉香念珠：沉香具有灵气，自古被认为"香中之王"。沉香念珠不要与其他香制品混合；在洗头、洗澡、洗衣时取下沉香念珠，避免沾到污水并远离洗发水、沐浴露、洗衣粉等化学制品；应避免高温，因为沉香的化学成分是熔点低的树脂，接触高温久了会影响念珠的质量。在不戴时，最好将念珠放进一个密封口袋保存，以防风化。

（2）紫檀念珠的保养要点是避免接触酒精等液体，否则会使其褪色；不宜在其表面上蜡，因为上蜡会堵塞其毛孔。黄花梨念珠长期盘摸色泽会加深，除非喜欢深色，建议还是尽量少盘摸。

# 盘念珠，带给您不一样的养生感受

## （一）念珠养生与中医藏象学说

一般人看到念珠就会有一种安心平和的感觉，而心在中医藏象学说中有非常特殊的作用。藏象学说中的脏腑，不仅是一个解剖学的概念，还是人体某一系统的生理和病理学概念，可能包含着现代解剖学中几个脏器的生理功能。

中医藏象学说以五脏为中心，五脏以心为中心，通过其在内联络六腑及其他组织器官，五脏（肝、心、脾、肺、肾）的共同生理功能是化生和储藏精气，神志活动也归属于五脏。

心的外形如《类经图翼·经络》说："心象尖圆，形如莲蕊。"在有的中医文献里，已经把心分为血肉之心和神明之心。血肉之心主血脉，神明之心主神志。如明代医家李梴在《医学入门》中说："有血肉之心，形如未开莲花，居肺下肝上是也。有神明之心……主宰万事万物，虚灵不昧者是也。"

心的主要生理功能有主血脉和主神志。

心主血脉可以这样理解：主，有主持、统理之意。血，指血液，是人体重要的营养物质。脉，指经脉，为气血运行的通路，中医又称为"血府"。心主血脉，即可理解为心脏推动血液在经脉内运行的生理功能。这个功能正常，人才有健康生活的基础。

心主神志，又称心主神明或心藏神。神在这里主要是指人的精神。现代医学认为，人的精神、意识和思维活动，是大脑的生理功能，而中医学把神志活动归属于心，其理论依据有如下几个方面：神志活动分属于五脏；认为心为神志活动产生的场所；血液为神志活动的物质基础。

总之，古人谓"心为君主之官，统领五脏六腑"是与心藏神而主神志的功能分不开的。因此，心主神志的生理功能正常，则精神振作，神志清晰，思考敏捷，对外界信息的反应灵敏而正常。反之，如果心主神志的生理功能异常，即可出现精神、意识、思维活动的异常，从而出现失眠、多梦、神志不宁，甚则谵狂；或出现反应迟钝、健忘、精神萎靡，甚则昏迷、不省人事等临床表现。而作为佛教一个象征的念珠，对于佛教徒，赋有强大的精神力量。

## （二）念珠养生与经络理论

念珠养生中有需要用念珠刺激身体体表某些穴位、经络，也是中医外治法的一种，其理论基础与中医经络理论是分不开的。在中医学的理论中，经络是运行气血、联络脏腑和体表及全身各个部位的通道，是人体功能的调控系统。人体的十四条经脉通路上有很多穴位，是人体脏腑经络气血输注出入的特殊部位，体内的脏腑之气，通过人体经络向外输出而聚集于体表的某些特殊部位，这些特殊部位就称为经穴，也叫腧穴。每一个经穴都与人体的对应脏腑有密切的关系。所以，用念珠手串刮、按摩作用于人体表面的经络穴位、阳性反应点等，通过经络的传导作用激发人体内部器官之间的相互协调，使阴阳达到相对平衡的状态，增强人体抗病能力，最终达到扶正祛邪、治愈疾病的目的。下面从两个方面来具体论述。

### 1. 经络皮部学说

"皮部"（十二皮部）理论是中医经络学说的一个重要组成部分，所谓"皮部"是指经络系统在皮肤的分布。皮肤是人体最大的器官，与内脏有密切的联系，根据中医学的观点，皮肤和内脏一样，都是受十二经脉气血的濡养和调节的。《素问》有"皮部以十二经脉为纪"和"十二经脉者，皮之部也"的记载，说明了皮肤和十二经脉的关系。

（1）皮部的含义：皮部，是指经络系统在皮肤的分布。它具有两种意义：一是指整体性的；二是指局部性的。整体性说明皮部为人体暴露于外面的最浅表的部分，是人体直接接触外界，且对外界气候变化最敏感的组织，并对这些变化具有调节和适应功能，起着保卫机体、抵抗外邪的作用。

皮部的局部性含义，是指十二经脉在体表的分布范围。《素问·皮部论》说："皮部以经脉为纪。"因经脉有12条，所以皮肤也分作12个部位，称为十二皮部，故皮部就是十二经脉的皮肤分区，同时也是络脉的分区，它与络脉特别是与浮络更有密切关系，《素问·皮部论》指出："凡十二经脉者，皮之部也。"皮部作为十二经络的体表分区，与经络的不同之处在于经脉呈线状分布，络脉呈网状分布；而皮部则着重于"面"的划分，其分布范围大致属于该经络分布的部位，且比经脉更为广泛，呈现"面"状分布。中医学认为，凡是经络的局部疾患，多与其所统辖的皮肤部位有密切的关系，当皮部受病邪侵袭时，可先传于络脉，次传入经脉，再传入脏腑，从而发生"大病"，具体阐述了局部与整体的辨证关系，体现了中医学的整体观点。

（2）**皮部理论与临床应用：**中医学在临床辨证方面很注意疾病的外部表现，并重视疾病的内外相应现象。《外科启玄》说："外有部位，中有经络，内有脏腑。"指出了"皮部－经络－脏腑"之间的特殊联系。现代医学通过临床验证，初步证实了"经络－内脏－皮层相关"的客观存在。所以，内脏疾病可通过经络反应到体表皮层，而皮层（外部）病痛也可以通过经络传入内脏。临床上根据皮部出现的异常现象，如压痛、色泽改变、斑疹等，作为诊断内脏病变的依据。

用念珠在皮肤上按压刮摩的作用主要有三个：一是对内脏功能有明显的调整阴阳平衡的作用，如肠蠕动亢进者，在腹部和背部等处进行梳理，可使蠕动亢进的肠道受到抑制而恢复正常；反之，肠蠕动功能减退者，则可促进其蠕动恢复正常。这说明念珠梳理可以改善和调整脏腑功能，使脏腑阴阳平衡。二是可调节肌肉的收缩和舒张，使组织间压力得到平衡，以促进组织周围的血液循环，增加组织血流量，从而起到活血化瘀、祛瘀生新的作用，还可以增强局部血液循环，使局部组织温度升高。另外，在念珠的直接刺激下，可提高局部组织的痛阈。三是使紧张或痉挛的肌肉得以舒展，从而消除疼痛。

### 2. 中医整体观和生物全息理论

中医学理论认为，人是一个有机的整体，人体的各个部分不是孤立的而是彼此协调、内外相连、表里相应、相互为用的。刺激机体某个部位或某个部位发生变化时都会引起相应的全身性反应。生物全息论就是基于"以小窥大"的中医整体观，嫁接全息照相的全息概念，来说明"生物体每一相对独立的部分为整体比例缩小"这一全息现象。因而，中医学全息诊疗法中任何一个局部器官的穴区图，都可以看成是整体图谱的缩影。全息胚胎上的穴区点，实际是整体某一器官的位点。应用念珠进行按压刮摩治疗就是应用这些理论通过梳理局部达到治疗全身疾病的目的。

## （三）念珠养生与情志疗法

俗话说，相由心生，一个人的外貌与内心的情绪有很大的关系。《黄帝内经》指出，"喜怒不节则伤脏"，说明情志不加节制会损伤脏腑功能。具体说是"怒伤肝、喜伤心、思伤脾、忧伤肺、恐伤肾"。明代医家张介宾在《类经》中指出："心为脏腑之主，而总统魂魄，兼该意志，故忧动于心则肺应，思动于心则脾应，怒动于心则肝应，恐动于心则肾应，此所以五志唯心所使也。"又说："情志之伤，虽五脏各有所属，然求其所由，则无不从心而发。"所以调节心态，抒理情志是非常重要的。临床上，并非是一情只伤一固定脏腑，既可一情伤几脏，又可几情伤一脏。如思虑过度可影响脾的消化吸收功能，同样悲忧太过亦能影响于脾，导致食欲不振、脘腹胀满。《素问·灵兰秘典论》曰："主不明则十二官危"，说明情绪之害，不仅是情志病发生的原因，也是诸脏腑病（包括现代医学疾病，如免疫力低下、过敏、血液病、肝胆系统疾病、心脑血管疾病、肿瘤等）产生的重要原因。调整经络可化解清除情绪之偏，治疗由此引发的多种顽症怪病。

通过念珠入静调心和按压刮摩经络穴位，调控、疏解相关经络，可以有效改善情志病症；把玩念珠，也是玩出好心情，有益心理健康。

念珠养生手法

### 1. 滚动法

以手持念珠串，手指压于念珠上，并压在相应的穴位上，慢而轻柔地顺时针滚压，以施术部微微发热为度。滚压法适用于手掌、腰背、腹部处，具有促进血液循环、促进胃肠蠕动、减少腹部脂肪堆积、益于增强胃肠功能等功效，可用于减肥和治疗胃脘疼痛、虚寒泻、腰部酸痛等。

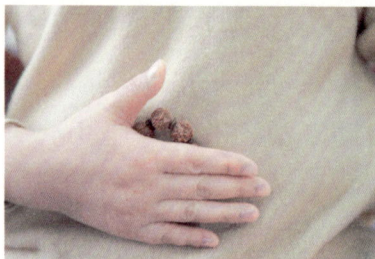

### 2. 点压法

拇指与示（食）指捏住念珠，将念珠点压于穴位处，逐渐用力按压，使穴位处产生生酸胀感。点压时间宜长不宜短，下压的速度宜缓不宜快，以产生酸胀感为佳。点压法适用于全身各处穴位，具有放松肌肉、诱导止痛的功效，可治疗手脚麻木、胃脘腹痛、四肢疲劳等症状。

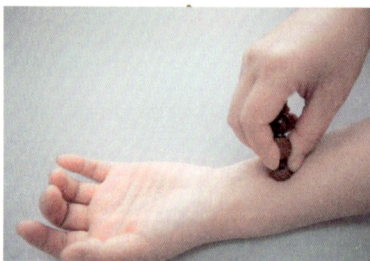

### 3. 摩擦法

用拇指、食指捏住 1~2 粒念珠，用力在病变部位来回快速反复摩擦，具有疏通经络、活血化瘀的功效，适宜于网球肘、颈椎病、肩周炎的康复，也可用于亚健康、慢性疲劳综合征等疾病的防治。

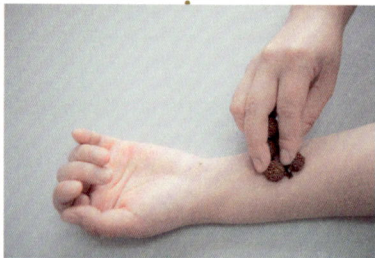

## 4. 揉搓法

将念珠串置于两掌中，手掌向相反方向用力使念珠旋转或用拇指、食指搓动念珠，适用于手掌部位，可以活动掌指关节，具有疏通手部经络、松弛组织、缓解掌指痉挛、加速消除手部疲劳等功效。

## 5. 捏拿法

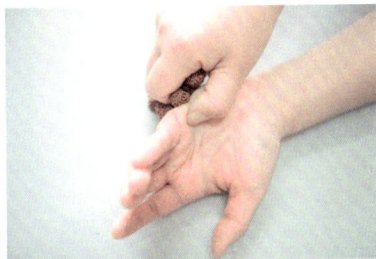

用食指、中指捏住念珠置于治疗部位一侧，拇指指端置于治疗部位另一侧，念珠和拇指指端捏起治疗部位，一松一紧反复捏压；或用拇指指端置于耳郭背面，食指、中指、无名指捏住念珠置于耳郭正面处，相互慢慢增加压力按压念珠，一松一紧反复捏压，可双手同时进行，具有活血化瘀、刺激神经、调节内分泌、刺激耳部穴位等功效。

## 6. 捻珠法

将念珠展开，两手四指下托，用拇指和食指顺时针捻动，具有宁心安神、健脑益智、刺激脑部手指运动中枢等功效，尤其对脑力劳动者有调节大脑中枢神经、增强记忆力、提高思维能力等作用。

滚动法　点压法　摩擦法　揉搓法　捏拿法　捻珠法

# 盘念珠养生操准备知识

## （一）简便易行的指寸定位法

1寸：拇指第一关节的宽度。

1.5寸：食指、中指并拢，以食指第一节横纹处为准，两指间宽度。

2寸：食指前两节的长度。拇指指蹼前缘至指端长度。

3寸：食指、中指、无名指和小指四指并拢，以中指第二节横纹处为准，四指间宽度。

注：均指本人手指对应尺寸。

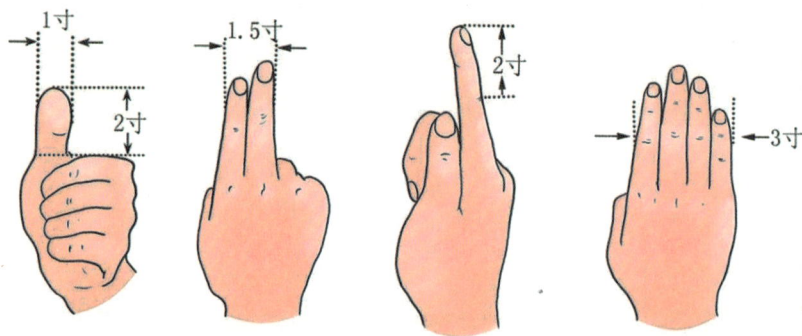

## （二）阿是穴和经外奇穴

阿是穴又名压痛点，多位于病变的附近，也可在与其距离较远的部位，没有固定的位置和名称。阿是穴的取穴方法是以痛为俞，即"有痛便是穴"，在症状反射区域，按揉时有酸、麻、胀、痛、重等感觉或感觉舒适的部位。

经外奇穴是指既有一定的名称，又有明确的位置，但尚未归入或不便归入十四经系统的腧穴，又称"奇穴"。奇穴对某些病证有特殊疗效。

## （三）禁忌证和注意事项

特别提醒：盘念珠养生操有一定的预防保健和辅助治疗病症作用，但不能代替治疗。如疑患疾病，应及时至医院接受诊治。

### 1. 禁忌证

（1）严重皮肤病、烧伤、烫伤或皮肤破溃的患者不宜按摩。

（2）癌变部位不宜按摩。

（3）传染病急性期患者、急性感染及发热患者不宜按摩。

（4）精神病、极度疲劳、醉酒者不宜按摩。

（5）按摩部位及其周边皮肤有损伤、可疑病变和对念珠材料有过敏者不宜按摩。

### 2. 注意事项

（1）过饥、过饱、酒后、暴怒后及剧烈运动之后，不可立即按摩。妇女妊娠期和月经期均不宜在腹部、腰骶部及臀部按摩。高血压及严重心脏病老年患者宜用轻手法按摩。肾炎患者不宜用重手法按摩腰部脊椎两侧肾区。

（2）按摩时应思想集中，要心平气和，做到身心都放松。按摩过程中，应随时注意身体对按摩治疗的反应，若有不适，应及时停止按摩，以防发生意外。

（3）按摩应用力恰当，不宜过大或过小，应以皮肤能耐受为度。过小起不到应有的刺激作用，过大易产生疲劳，且易损伤皮肤。

（4）用按摩来防治亚健康或辅助治疗慢性病症，要有信心、耐心、持之以恒，常常需坚持一段时间才逐渐显效。

（5）按摩后建议喝少量温开水或相对应的保健茶。

# 盘念珠对症祛疾养生操

## （一）预防感冒念珠操

季节交替时，气温和湿度变化大，病毒和细菌繁殖活跃，人体一时难以适应天气变化，特别容易感冒。平时经常洗手，多补充水分，饮食均衡，睡眠充足，合理锻炼，避免去人多的地方，即可大大降低感冒概率。另外，坚持用念珠按摩一些穴位，可有效缓解感冒症状，并能提高抗病能力。

### 1. 入静调心

瞑目静坐，两唇轻合，舌抵上腭，摒除思虑，平缓深呼吸，静心凝神。双手握念珠放在大腿上，双手拇指和食指顺时针捻动念珠，如为佛教徒可在心中反复默念"南无观世音菩萨"5~10分钟；非佛教徒可随自己平缓深呼吸，默念呼吸次数5~10分钟。

### 2. 特效穴位及手法

**太阳：** 用念珠选择"点压"手法按压穴位。

**风池：** 用念珠选择"摩擦"手法按压穴位。

**大椎：** 用念珠选择"摩擦"手法按压穴位。

**合谷：** 用念珠选择"点压"手法按压穴位。

**足三里：** 用念珠选择"点压"手法按压穴位。

# 太阳

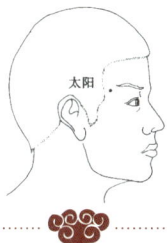

在耳郭前面，前额两侧，外眼角延长线的上方。

盘膝而坐，保持平静呼吸，左手持一念珠，使念珠对准左侧穴位，心中默念"1、2、3、4、5、6、7、8"按压穴位，重复8次，共64次。对侧也按相同方法操作。

# 风池

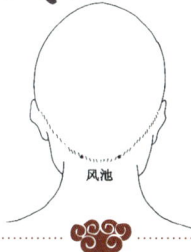

在后头部，枕骨下两侧后发际处，斜方肌上端与胸锁乳突肌之间的凹陷处。

盘膝而坐，保持平静呼吸，左手持一念珠，使念珠对准左侧穴位，心中默念"1、2、3、4、5、6、7、8"摩擦穴位，重复8次，共64次。对侧也按相同方法操作。

# 大椎

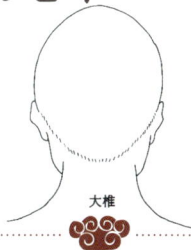

第7颈椎棘突下凹陷中。

盘膝而坐，保持平静呼吸，右手持一念珠，使念珠对准穴位，心中默念"1、2、3、4、5、6、7、8"摩擦穴位，重复8次，共64次。

## 合谷

在手背，第1、2掌骨间，第2掌骨桡侧的中点处。

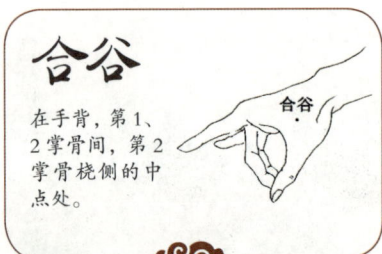

盘膝而坐，保持平静呼吸，右手持一念珠，使念珠对准左侧穴位，心中默念"1、2、3、4、5、6、7、8"按压穴位，重复8次，共64次。对侧也按相同方法操作。

## 足三里

外膝眼正中直下3寸，胫骨外侧旁开1横指。

保持平静呼吸，右手持一念珠，使念珠对准右侧穴位，心中默念"1、2、3、4、5、6、7、8"按压穴位，重复8次，共64次。对侧也按相同方法操作。

### （二）调理高血压念珠操

高血压是目前最常见、最重要的心血管系统疾病之一，也是危害人们健康和生命的一大杀手。持续性高血压还会引起脑、心、肾等其他器官的损害。日常生活中，应避免情绪激动、暴怒等，饮食应清淡为主，严格控制食盐摄入量，戒烟少酒等。平时坚持用念珠按摩一些特定穴位，也可帮助降低血压。

#### 1. 入静调心

瞑目静坐，两唇轻合，舌抵上腭，摒除思虑，平缓深呼吸，静心凝神。双手握念珠放在大腿上，双手拇指和食指顺时针捻动念珠，如为佛教徒可在心中反复默念"南无观世音菩萨"5~10分钟；非佛教徒可随自己平缓深呼吸，默念呼吸次数5~10分钟。

## 2.特效穴位及手法

**曲池：**用念珠选择"点压"手法按压穴位。

**大椎：**用念珠选择"摩擦"手法按压穴位。

**三阴交：**用念珠选择"点压"手法按压穴位。

**太溪：**用念珠选择"点压"手法按压穴位。

曲池

曲池

肘部弯曲时肘横纹桡侧端。

盘膝而坐，保持平静呼吸，右手持一念珠，使念珠对准左侧穴位，心中默念"1、2、3、4、5、6、7、8"按压穴位，重复8次，共64次。对侧也按相同方法操作。

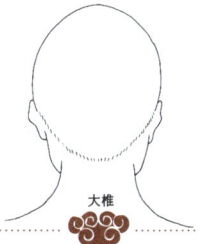

大椎

大椎

第7颈椎棘突下凹陷中。

盘膝而坐，保持平静呼吸，右手持一念珠，使念珠对准穴位，心中默念"1、2、3、4、5、6、7、8"摩擦穴位，重复8次，共64次。

盘念珠，带给您不一样的养生感受

## 三阴交

足内踝尖上3寸，胫骨内侧缘后方。

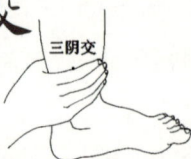

三阴交

## 太溪

足内踝后方，内踝高点与跟腱之间的凹陷处。

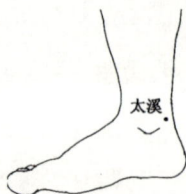

太溪

保持平静呼吸，左手持一念珠，使念珠对准右侧穴位，心中默念"1、2、3、4、5、6、7、8"按压穴位，重复8次，共64次。对侧也按相同方法操作。

盘膝而坐，保持平静呼吸，右手持一念珠，使念珠对准右侧穴位，心中默念"1、2、3、4、5、6、7、8"按压穴位，重复8次，共64次。对侧也按相同方法操作。

## （三）防治冠心病念珠操

心绞痛是冠心病的一个最常见类型，其直接病因是心肌供血不足，舌下含服硝酸甘油片可在 1 ~ 2 分钟缓解。中医学认为，"不通则痛"，在心绞痛缓解期，坚持使用念珠按摩一些特效穴位，有改善相应脏器微循环、调和气血运行的作用，可有效减少心绞痛的发作频率。

### 1. 入静调心

瞑目静坐，两唇轻合，舌抵上腭，摒除思虑，平缓深呼吸，静心凝神。双手握念珠放在大腿上，双手拇指和食指顺时针捻动念珠，如为佛教徒可在心中反复默念"南无观世音菩萨"5~10 分钟；非佛教徒可随自己平缓深呼吸，默念呼吸次数 5~10 分钟。

### 2. 特效穴位及手法

**阴郄：** 用念珠选择"点压"手法按压穴位。

**内关：** 用念珠选择"点压"手法按压穴位。

**郄门：** 用念珠选择"点压"手法按压穴位。

# 阴郄

阴郄

前臂掌侧尺侧腕屈肌肌腱的桡侧缘，腕横纹上0.5寸。

盘膝而坐，保持平静呼吸，右手持一念珠，使念珠对准左侧穴位，心中默念"1、2、3、4、5、6、7、8"按压穴位，重复8次，共64次。对侧也按相同方法操作。

# 内关

内关

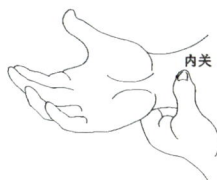

前臂掌侧，腕掌横纹中点向上2寸，掌长肌肌腱与桡侧腕屈肌肌腱之间。

盘膝而坐，保持平静呼吸，右手持一念珠，使念珠对准左侧穴位，心中默念"1、2、3、4、5、6、7、8"按压穴位，重复8次，共64次。对侧也按相同方法操作。

# 郄门

郄门

在腕横纹上5寸，掌长肌肌腱与桡侧腕屈肌肌腱之间。

盘膝而坐，保持平静呼吸，右手持一念珠，使念珠对准左侧穴位，心中默念"1、2、3、4、5、6、7、8"按压穴位，重复8次，共64次。对侧也按相同方法操作。

## （四）防治心律失常念珠操

心律失常是心血管系统疾病的常见表现。心律失常患者最常见的症状是心悸，就是我们常说的"心慌"。患者还会出现胸闷、胸痛、憋气、头晕、头胀、疲乏无力、气急、手足发凉等缺血和缺氧症状，严重的患者甚至可能出现晕厥、神志不清等。目前临床上多采用手术或药物治疗，平时坚持用念珠按摩一些特效穴位，可辅助防治心律失常。

### 1. 入静调心

瞑目静坐，两唇轻合，舌抵上腭，摒除思虑，平缓深呼吸，静心凝神。双手握念珠放在大腿上，双手拇指和食指顺时针捻动念珠，如为佛教徒可在心中反复默念"南无观世音菩萨"5~10分钟；非佛教徒可随自己平缓深呼吸，默念呼吸次数5~10分钟。

### 2. 特效穴位及手法

**太渊：** 用念珠选择"点压"手法按压穴位。

**内关：** 用念珠选择"点压"手法按压穴位。

**间使：** 用念珠选择"点压"手法按压穴位。

## 太渊

在腕掌侧横纹桡侧，桡动脉搏动处。

盘膝而坐，保持平静呼吸，左手持一念珠，使念珠对准右侧穴位，心中默念"1、2、3、4、5、6、7、8"按压穴位，重复8次，共64次。对侧也按相同方法操作。

# 内关

前臂掌侧，腕掌横纹中点向上2寸，掌长肌肌腱与桡侧腕屈肌肌腱之间。

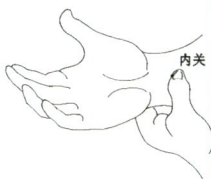

# 间使

在前臂掌侧，曲泽与大陵的连线上，腕横纹上3寸，掌长肌肌腱与桡侧腕屈肌肌腱之间。

盘膝而坐，保持平静呼吸，右手持一念珠，使念珠对准左侧穴位，心中默念"1、2、3、4、5、6、7、8"按压穴位，重复8次，共64次。对侧也按相同方法操作。

盘膝而坐，保持平静呼吸，左手持一念珠，使念珠对准右侧穴位，心中默念"1、2、3、4、5、6、7、8"按压穴位，重复8次，共64次。对侧也按相同方法操作。

## （五）调理低血压念珠操

低血压是指动脉血压低于 90/60 mmHg。低血压会引起头晕目眩、食欲不振、困倦无力、健忘等症状，但不是所有低血压患者都有上述症状，也有完全没有自觉症状的患者。日常生活中要增加营养摄取，少吃多餐，加强锻炼以增强体质，平时坚持用念珠按摩一些特定穴位，可以有效促进血液循环，改善体质和脏器功能。

### 1. 入静调心

瞑目静坐，两唇轻合，舌抵上腭，摒除思虑，平缓深呼吸，静心凝神。双手握念珠放在大腿上，双手拇指和食指顺时针捻动念珠，如为佛教徒可在心中反复默念"南无观世音菩萨"5~10分钟；非佛教徒可随自己平缓深呼吸，默念呼吸次数5~10分钟。

## 2.特效穴位及手法

**素髎:** 用念珠选择"点压"手法按压穴位。

**合谷:** 用念珠选择"点压"手法按压穴位。

**大椎:** 用念珠选择"摩擦"手法按压穴位。

**气海:** 用念珠选择"点压"手法按压穴位。

**足三里:** 用念珠选择"点压"手法按压穴位。

### 素髎

素髎

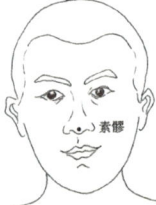

鼻尖的正中央。

盘膝而坐,保持平静呼吸,左手持一念珠,使念珠对准穴位,心中默念"1、2、3、4、5、6、7、8"按压穴位,重复8次,共64次。

### 合谷

合谷

在手背,第1、2掌骨间,第2掌骨桡侧的中点处。

盘膝而坐,保持平静呼吸,右手持一念珠,使念珠对准左侧穴位,心中默念"1、2、3、4、5、6、7、8"按压穴位,重复8次,共64次。对侧也按相同方法操作。

## 大椎

第 7 颈椎棘突
下凹陷中。

大椎

## 气海

身体前正中线，
脐中下 1.5 寸。

气海

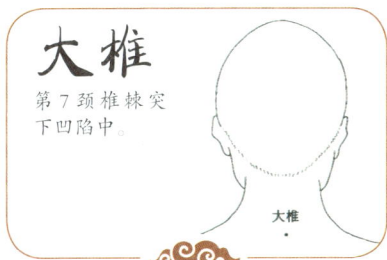

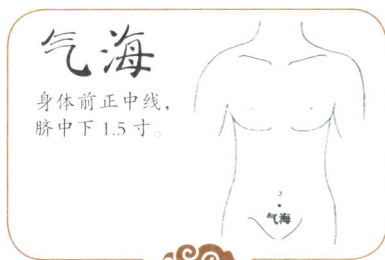

盘膝而坐，保持平静呼吸，右手持一念珠，使念珠对准穴位，心中默念"1、2、3、4、5、6、7、8"摩擦穴位，重复8次，共64次。

盘膝而坐，保持平静呼吸，左手持一念珠，使念珠对准穴位，心中默念"1、2、3、4、5、6、7、8"按压穴位，重复8次，共64次。

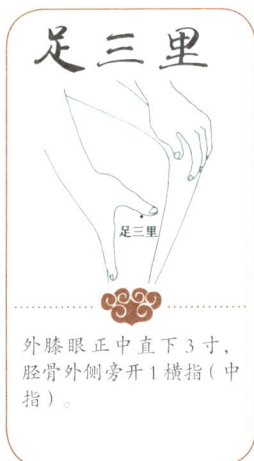

## 足三里

足三里

外膝眼正中直下3寸，胫骨外侧旁开1横指（中指）。

保持平静呼吸，右手持一念珠，使念珠对准右侧穴位，心中默念"1、2、3、4、5、6、7、8"按压穴位，重复8次，共64次。对侧也按相同方法操作。

### （六）防治中风后遗症念珠操

中风后遗症是指在脑中风（脑卒中）发病一年后，还存在半身不遂、语言障碍或口眼㖞斜等症状。日常生活应注意科学饮食，加强主动、被动恢复锻炼，服用合适的药物治疗，防止病情复发或加重。平时坚持用念珠按摩特效穴位，有舒筋通络、行气活血的作用，可有效控制或减轻中风后遗症的症状。

第三篇 盘念珠，带给您不一样的养生感受

## 1. 入静调心

瞑目静坐，两唇轻合，舌抵上腭，摒除思虑，平缓深呼吸，静心凝神。双手握念珠放在大腿上，双手拇指和食指顺时针捻动念珠，如为佛教徒可在心中反复默念"南无观世音菩萨"5~10分钟；非佛教徒可随自己平缓深呼吸，默念呼吸次数5~10分钟。

## 2. 特效穴位及手法

**百会：** 用念珠选择"点压"手法按压穴位。

**曲池：** 用念珠选择"点压"手法按压穴位。

**外关：** 用念珠选择"点压"手法按压穴位。

**手三里：** 用念珠选择"点压"手法按压穴位。

**足三里：** 用念珠选择"点压"手法按压穴位。

**阳陵泉：** 用念珠选择"点压"手法按压穴位。

### 百会

在头顶正中线与两耳尖连线的交叉处。

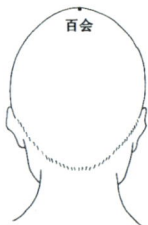

### 曲池

肘部弯曲时肘横纹桡侧端。

盘膝而坐，保持平静呼吸，左手持一念珠，使念珠对准穴位，心中默念"1、2、3、4、5、6、7、8"按压穴位，重复8次，共64次。

盘膝而坐，保持平静呼吸，右手持一念珠，使念珠对准左侧穴位，心中默念"1、2、3、4、5、6、7、8"按压穴位，重复8次，共64次。对侧也按相同方法操作。

# 外关

在前臂外侧，腕背横纹向上2寸，桡骨与尺骨之间。

外关·

盘膝而坐，保持平静呼吸，右手持一念珠，使念珠对准左侧穴位，心中默念"1、2、3、4、5、6、7、8"按压穴位，重复8次，共64次。对侧也按相同方法操作。

# 手三里

在前臂背面桡侧，曲池穴下2寸。

手三里·

盘膝而坐，保持平静呼吸，右手持一念珠，使念珠对准左侧穴位，心中默念"1、2、3、4、5、6、7、8"按压穴位，重复8次，共64次。对侧也按相同方法操作。

# 足三里

外膝眼正中直下3寸，胫骨外侧旁开1横指（中指）。

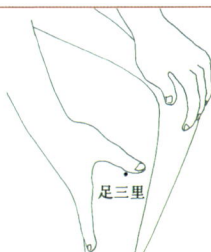

足三里·

保持平静呼吸，右手持一念珠，使念珠对准右侧穴位，心中默念"1、2、3、4、5、6、7、8"按压穴位，重复8次，共64次。对侧也按相同方法操作。

# 阳陵泉

阳陵泉

在小腿外侧，腓骨头前下方凹陷处。

保持平静呼吸，右手持一念珠，使念珠对准右侧穴位，心中默念"1、2、3、4、5、6、7、8"按压穴位，重复8次，共64次。对侧也按相同方法操作。

## （七）防治老年性痴呆念珠操

老年性痴呆（阿尔茨海默病）是一种进行性发展的神经系统退行性疾病，表现为认知功能下降、精神症状和行为障碍、日常生活能力的逐渐下降。中医学认为，本病是由于久病气血亏虚、心神失养、肝肾不足、脑髓不充所致。在预防方面，除了要有良好的生活方式外，中老年朋友经常用念珠按摩一些特效穴位，可以有效促进脑部血液循环，预防老年性痴呆。

### 1. 入静调心

瞑目静坐，两唇轻合，舌抵上腭，摒除思虑，平缓深呼吸，静心凝神。双手握念珠放在大腿上，双手拇指和食指顺时针捻动念珠，如为佛教徒可在心中反复默念"南无观世音菩萨"5~10分钟；非佛教徒可随自己平缓深呼吸，默念呼吸次数5~10分钟。

## 2.特效穴位及手法

**百会：** 用念珠选择"点压"手法按压穴位。

**四神聪：** 用念珠选择"点压"手法按压穴位。

**风池：** 用念珠选择"摩擦"手法按压穴位。

**印堂：** 用念珠选择"点压"手法按压穴位。

**悬钟：** 用念珠选择"点压"手法按压穴位。

**大钟：** 用念珠选择"点压"手法按压穴位。

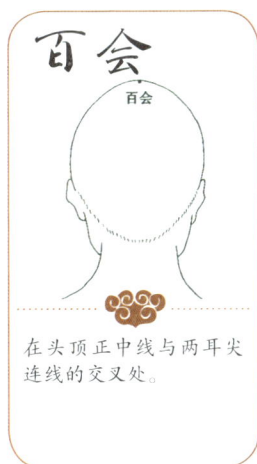

**百会**

在头顶正中线与两耳尖连线的交叉处。

盘膝而坐，保持平静呼吸，左手持一念珠，使念珠对准穴位，心中默念"1、2、3、4、5、6、7、8"按压穴位，重复8次，共64次。

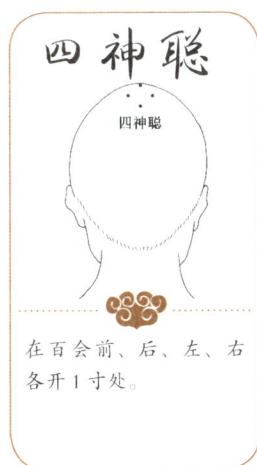

**四神聪**

在百会前、后、左、右各开1寸处。

盘膝而坐，保持平静呼吸，左手持一念珠，使念珠对准穴位，心中默念"1、2、3、4、5、6、7、8"按压穴位，重复8次，共64次。

## 风池

在后头部，枕骨下两侧后发际处，斜方肌上端与胸锁乳突肌之间的凹陷处。

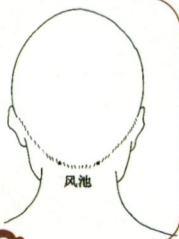

盘膝而坐，保持平静呼吸，左手持一念珠，使念珠对准左侧穴位，心中默念"1、2、3、4、5、6、7、8"摩擦穴位，重复8次，共64次。对侧也按相同方法操作。

## 印堂

两眉头的中间。

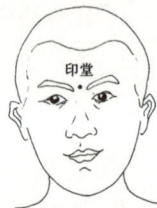

盘膝而坐，保持平静呼吸，左手持一念珠，使念珠对准穴位，心中默念"1、2、3、4、5、6、7、8"按压穴位，重复8次，共64次。

## 悬钟

在外踝尖上3寸，腓骨前缘。

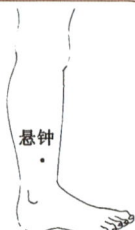

保持平静呼吸，右手持一念珠，使念珠对准右侧穴位，心中默念"1、2、3、4、5、6、7、8"按压穴位，重复8次，共64次。对侧也按相同方法操作。

## 大钟

内踝后下方，跟腱附着部的内侧前方凹陷处。

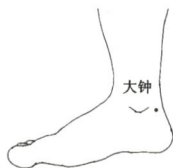

盘膝而坐，保持平静呼吸，右手持一念珠，使念珠对准右侧穴位，心中默念"1、2、3、4、5、6、7、8"按压穴位，重复8次，共64次。对侧也按相同方法操作。

## （八）调理神经衰弱念珠操

神经衰弱是一种常见病，多见于脑力劳动者，精神因素是造成神经衰弱的主因。本病多起病缓慢，病程较长，遇劳累及劳神后症状加重。日常生活中应善于自我调节，培养豁达开朗的性格。此外，坚持使用念珠按摩一些特效穴位，有镇静安神、舒筋活血的作用，可以在一定程度上缓解神经衰弱的症状。

### 1. 入静调心

瞑目静坐，两唇轻合，舌抵上腭，摒除思虑，平缓深呼吸，静心凝神。双手握念珠放在大腿上，双手拇指和食指顺时针捻动念珠，如为佛教徒可在心中反复默念"南无观世音菩萨"5~10分钟；非佛教徒可随自己平缓深呼吸，默念呼吸次数5~10分钟。

### 2. 特效穴位及手法

**百会：** 用念珠选择"点压"手法按压穴位。

**神门：** 用念珠选择"点压"手法按压穴位。

**内关：** 用念珠选择"点压"手法按压穴位。

**足三里：** 用念珠选择"点压"手法按压穴位。

**三阴交：** 用念珠选择"点压"手法按压穴位。

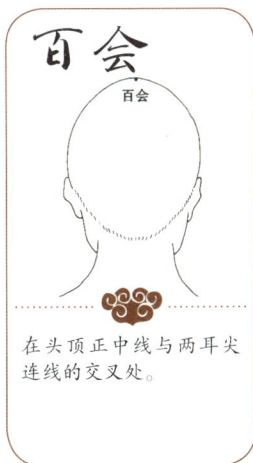

**百会**

百会

在头顶正中线与两耳尖连线的交叉处。

盘膝而坐，保持平静呼吸，左手持一念珠，使念珠对准穴位，心中默念"1、2、3、4、5、6、7、8"按压穴位，重复8次，共64次。

## 神门

腕掌侧横纹尺侧端，尺侧腕屈肌肌腱的桡侧凹陷处。

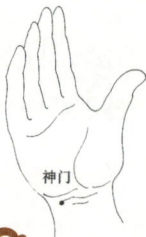

神门

盘膝而坐，保持平静呼吸，右手持一念珠，使念珠对准左侧穴位，心中默念"1、2、3、4、5、6、7、8"按压穴位，重复8次，共64次。对侧也按相同方法操作。

## 内关

前臂掌侧，腕掌横纹中点向上2寸，掌长肌肌腱与桡侧腕屈肌肌腱之间。

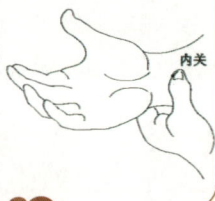

内关

盘膝而坐，保持平静呼吸，右手持一念珠，使念珠对准左侧穴位，心中默念"1、2、3、4、5、6、7、8"按压穴位，重复8次，共64次。对侧也按相同方法操作。

## 足三里

外膝眼正中直下3寸，胫骨外侧旁开1横指（中指）。

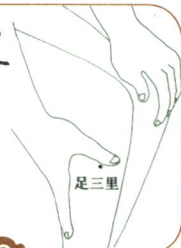

足三里

保持平静呼吸，右手持一念珠，使念珠对准右侧穴位，心中默念"1、2、3、4、5、6、7、8"按压穴位，重复8次，共64次。对侧也按相同方法操作。

## 三阴交

足内踝尖上3寸，胫骨内侧缘后方。

三阴交

保持平静呼吸，左手持一念珠，使念珠对准右侧穴位，心中默念"1、2、3、4、5、6、7、8"按压穴位，重复8次，共64次。对侧也按相同方法操作。

### （九）改善高脂血症念珠操

高脂血症在中老年人中常见，是指各种原因导致的血浆中胆固醇和（或）三酰甘油的含量增高或高密度脂蛋白过低，现代医学称为血脂异常。轻者可无不适感，重者会出现头晕、神疲乏力、健忘、肢体麻木等现象。改善饮食和药物治疗的同时，坚持用念珠按摩一些特效穴位，可以起到辅助治疗的作用。

#### 1. 入静调心

瞑目静坐，两唇轻合，舌抵上腭，摒除思虑，平缓深呼吸，静心凝神。双手握念珠放在大腿上，双手拇指和食指顺时针捻动念珠，如为佛教徒可在心中反复默念"南无观世音菩萨"5~10分钟；非佛教徒可随自己平缓深呼吸，默念呼吸次数5~10分钟。

#### 2. 特效穴位及手法

**内关：** 用念珠选择"点压"手法按压穴位。

**中脘：** 用念珠选择"点压"手法按压穴位。

**脾俞：** 用念珠选择"摩擦"手法按压穴位。

**丰隆：** 用念珠选择"点压"手法按压穴位。

**三阴交：** 用念珠选择"点压"手法按压穴位。

## 内关

前臂掌侧，腕掌横纹中点向上2寸，掌长肌肌腱与桡侧腕屈肌肌腱之间。

盘膝而坐，保持平静呼吸，右手持一念珠，使念珠对准左侧穴位，心中默念"1、2、3、4、5、6、7、8"按压穴位，重复8次，共64次。对侧也按相同方法操作。

## 中脘

前正中线上，脐上4寸处。

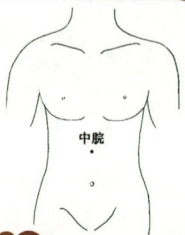

盘膝而坐，保持平静呼吸，左手持一念珠，使念珠对准穴位，心中默念"1、2、3、4、5、6、7、8"按压穴位，重复8次，共64次。

## 脾俞

第11胸椎棘突下，正中线旁开1.5寸。

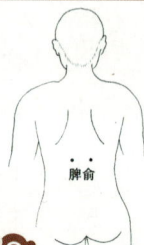

盘膝而坐，保持平静呼吸，左手持一念珠，使念珠对准右侧穴位，心中默念"1、2、3、4、5、6、7、8"摩擦穴位，重复8次，共64次。对侧也按相同方法操作。

## 丰隆

小腿前外侧，膝眼和外踝的连线中点。

保持平静呼吸，右手持一念珠，使念珠对准右侧穴位，心中默念"1、2、3、4、5、6、7、8"按压穴位，重复8次，共64次。对侧也按相同方法操作。

## 三阴交

足内踝尖上3寸，胫骨内侧缘后方。

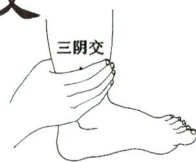

保持平静呼吸，左手持一念珠，使念珠对准右侧穴位，心中默念"1、2、3、4、5、6、7、8"按压穴位，重复8次，共64次。对侧也按相同方法操作。

## （十）改善糖尿病念珠操

糖尿病是由于体内胰岛素分泌的绝对或相对不足而引起以糖代谢紊乱为主的全身性疾病。糖尿病要早发现、早治疗。日常生活中除了要健康饮食、加强体育锻炼、遵医嘱服药等外，还可以使用念珠经常按摩一些特效穴位，可以起到辅助治疗的作用。

### 1. 入静调心

瞑目静坐，两唇轻合，舌抵上腭，摒除思虑，平缓深呼吸，静心凝神。双手握念珠放在大腿上，双手拇指和食指顺时针捻动念珠，如为佛教徒可在心中反复默念"南无观世音菩萨"5~10分钟；非佛教徒可随自己平缓深呼吸，默念呼吸次数5~10分钟。

### 2. 特效穴位及手法

**尺泽**：用念珠选择"点压"手法按压穴位。

**胃脘下俞**：用念珠选择"摩擦"手法按压穴位。

**脾俞**：用念珠选择"摩擦"手法按压穴位。

**肾俞**：用念珠选择"摩擦"手法按压穴位。

**太溪**：用念珠选择"点压"手法按压穴位。

尺泽

肱二头肌肌腱桡侧凹陷处，微屈肘取穴。

盘膝而坐，保持平静呼吸，右手持一念珠，使念珠对准左侧穴位，心中默念"1、2、3、4、5、6、7、8"按压穴位，重复8次，共64次。对侧也按相同方法操作。

## 胃脘下俞

第 8 胸椎棘突下，旁开 1.5 寸。

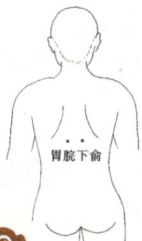

胃脘下俞

盘膝而坐，保持平静呼吸，左手持一念珠，使念珠对准右侧穴位，心中默念"1、2、3、4、5、6、7、8"摩擦穴位，重复8 次，共 64 次。对侧也按相同方法操作。

## 脾俞

第 11 胸椎棘突下，正中线旁开 1.5 寸。

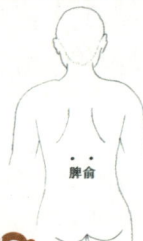

脾俞

盘膝而坐，保持平静呼吸，左手持一念珠，使念珠对准右侧穴位，心中默念"1、2、3、4、5、6、7、8"摩擦穴位，重复8 次，共 64 次。对侧也按相同方法操作。

## 肾俞

第 2 腰椎棘突下，正中线旁开 1.5 寸处。

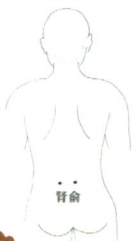

肾俞

盘膝而坐，保持平静呼吸，左手持一念珠，使念珠对准右侧穴位，心中默念"1、2、3、4、5、6、7、8"摩擦穴位，重复8 次，共 64 次。对侧也按相同方法操作。

## 太溪

足内踝后方，内踝高点与跟腱之间的凹陷处。

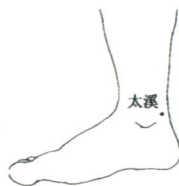

太溪

盘膝而坐，保持平静呼吸，右手持一念珠，使念珠对准右侧穴位，心中默念"1、2、3、4、5、6、7、8"按压穴位，重复8 次，共 64 次。对侧也按相同方法操作。

## （十一）调理慢性胃炎念珠操

慢性胃炎是一种常见病，其患病率在各种胃病中居首位。大多数慢性胃炎患者常无症状或有程度不同的消化系统的症状，如上腹隐痛、食欲减退、餐后饱胀、反酸等。平时经常用念珠按摩一些特效穴位，有疏肝理气、促进胃蠕动、缓解胃痉挛的作用，可有效防治慢性胃炎。

### 1. 入静调心

瞑目静坐，两唇轻合，舌抵上腭，摒除思虑，平缓深呼吸，静心凝神。双手握念珠放在大腿上，双手拇指和食指顺时针捻动念珠，如为佛教徒可在心中反复默念"南无观世音菩萨"5~10分钟；非佛教徒可随自己平缓深呼吸，默念呼吸次数5~10分钟。

### 2. 特效穴位及手法

**内关：** 用念珠选择"点压"手法按压穴位。

**肝俞：** 用念珠选择"摩擦"手法按压穴位。

**脾俞：** 用念珠选择"摩擦"手法按压穴位。

**胃俞：** 用念珠选择"摩擦"手法按压穴位。

**足三里：** 用念珠选择"点压"手法按压穴位。

盘念珠，带给您不一样的养生感受

## 内关

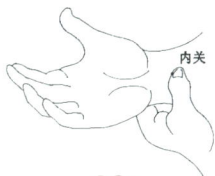

前臂掌侧，腕掌横纹中点向上2寸，掌长肌肌腱与桡侧腕屈肌肌腱之间。

盘膝而坐，保持平静呼吸，右手持一念珠，使念珠对准左侧穴位，心中默念"1、2、3、4、5、6、7、8"按压穴位，重复8次，共64次。对侧也按相同方法操作。

## 肝俞

第9胸椎棘突下，正中线旁开1.5寸处。

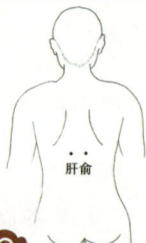

肝俞

盘膝而坐，保持平静呼吸，左手持一念珠，使念珠对准右侧穴位，心中默念"1、2、3、4、5、6、7、8"摩擦穴位，重复8次，共64次。对侧也按相同方法操作。

## 脾俞

第11胸椎棘突下，正中线旁开1.5寸。

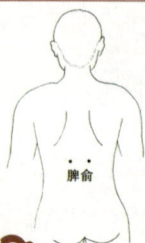

脾俞

盘膝而坐，保持平静呼吸，左手持一念珠，使念珠对准右侧穴位，心中默念"1、2、3、4、5、6、7、8"摩擦穴位，重复8次，共64次。对侧也按相同方法操作。

## 胃俞

第12胸椎棘突下，旁开1.5寸。

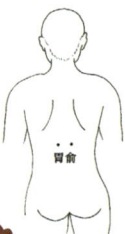

胃俞

盘膝而坐，保持平静呼吸，左手持一念珠，使念珠对准右侧穴位，心中默念"1、2、3、4、5、6、7、8"摩擦穴位，重复8次，共64次。对侧也按相同方法操作。

## 足三里

外膝眼正中直下3寸，胫骨外侧旁开1横指（中指）。

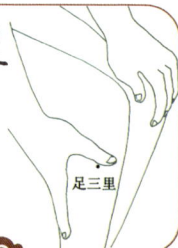

足三里

保持平静呼吸，右手持一念珠，使念珠对准右侧穴位，心中默念"1、2、3、4、5、6、7、8"按压穴位，重复8次，共64次。对侧也按相同方法操作。

## （十二）防治腹泻念珠操

腹泻是一种常见症状，俗称"拉肚子"，是指排便次数明显超过平日习惯的频率，粪质稀薄，水分增加，每日排便量超过200g，或含未消化食物或脓血、黏液。通过念珠按摩一些特定穴位对慢性结肠炎、消化不良、胃肠功能紊乱均有明显的治疗作用。

### 1. 入静调心

瞑目静坐，两唇轻合，舌抵上腭，摒除思虑，平缓深呼吸，静心凝神。双手握念珠放在大腿上，双手拇指和食指顺时针捻动念珠，如为佛教徒可在心中反复默念"南无观世音菩萨"5~10分钟；非佛教徒可随自己平缓深呼吸，默念呼吸次数5~10分钟。

### 2. 特效穴位及手法

**中脘：** 用念珠选择"点压"手法按压穴位。

**天枢：** 用念珠选择"点压"手法按压穴位。

**足三里：** 用念珠选择"点压"手法按压穴位。

**上巨虚：** 用念珠选择"点压"手法按压穴位。

中脘

中脘

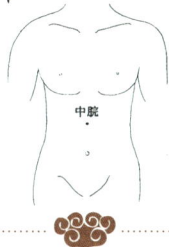

前正中线上，脐上4寸处。

盘膝而坐，保持平静呼吸，左手持一念珠，使念珠对准穴位，心中默念"1、2、3、4、5、6、7、8"按压穴位，重复8次，共64次。

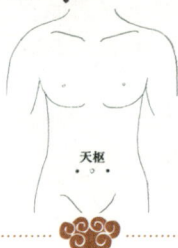

# 天枢

天枢

脐中旁开2寸。

盘膝而坐，保持平静呼吸，左手持一念珠，使念珠对准左侧穴位，心中默念"1、2、3、4、5、6、7、8"按压穴位，重复8次，共64次。对侧也按相同方法操作。

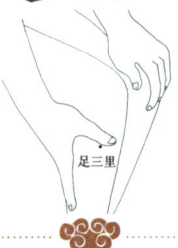

# 足三里

足三里

外膝眼正中直下3寸，胫骨外侧旁开1横指（中指）。

保持平静呼吸，右手持一念珠，使念珠对准右侧穴位，心中默念"1、2、3、4、5、6、7、8"按压穴位，重复8次，共64次。对侧也按相同方法操作。

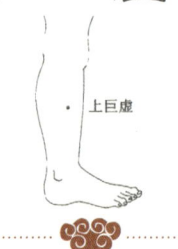

# 上巨虚

上巨虚

足三里穴下3寸。

保持平静呼吸，右手持一念珠，使念珠对准右侧穴位，心中默念"1、2、3、4、5、6、7、8"按压穴位，重复8次，共64次。对侧也按相同方法操作。

## （十三）改善胃下垂念珠操

胃下垂是指站立时胃大弯抵达盆腔，胃小弯弧线最低点降到髂嵴连线以下。轻度下垂者一般无症状，下垂明显者可以出现腹部坠胀疼痛不适、进食后恶心等，常伴有便秘。中医学认为，胃下垂多因脾胃功能虚弱、中气不足所致，经常用念珠按摩一些特效穴位可缓解胃下垂的症状，使下垂幅度有所改善。

### 1. 入静调心

瞑目静坐，两唇轻合，舌抵上腭，摒除思虑，平缓深呼吸，静心凝神。双手握念珠放在大腿上，双手拇指和食指顺时针捻动念珠，如为佛教徒可在心中反复默念"南无观世音菩萨"5~10分钟；非佛教徒可随自己平缓深呼吸，默念呼吸次数5~10分钟。

### 2. 特效穴位及手法

**百会：**用念珠选择"点压"手法按压穴位。

**中脘：**用念珠选择"点压"手法按压穴位。

**气海：**用念珠选择"点压"手法按压穴位。

**脾俞：**用念珠选择"摩擦"手法按压穴位。

**胃俞：**用念珠选择"摩擦"手法按压穴位。

百会

百会

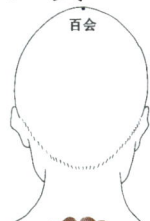

在头顶正中线与两耳尖连线的交叉处。

盘膝而坐，保持平静呼吸，左手持一念珠，使念珠对准穴位，心中默念"1、2、3、4、5、6、7、8"按压穴位，重复8次，共64次。

## 中脘

前正中线上，脐上 4 寸处。

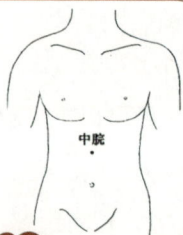

盘膝而坐，保持平静呼吸，左手持一念珠，使念珠对准穴位，心中默念"1、2、3、4、5、6、7、8"按压穴位，重复 8 次，共 64 次。

## 气海

身体前正中线，脐中下 1.5 寸。

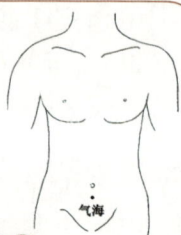

盘膝而坐，保持平静呼吸，左手持一念珠，使念珠对准穴位，心中默念"1、2、3、4、5、6、7、8"按压穴位，重复 8 次，共 64 次。

## 脾俞

第 11 胸椎棘突下，正中线旁开 1.5 寸。

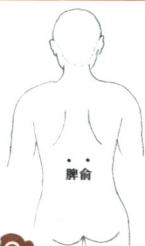

盘膝而坐，保持平静呼吸，左手持一念珠，使念珠对准右侧穴位，心中默念"1、2、3、4、5、6、7、8"摩擦穴位，重复 8 次，共 64 次。对侧也按相同方法操作。

## 胃俞

第 12 胸椎棘突下，旁开 1.5 寸。

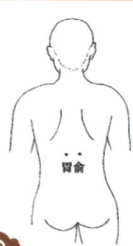

盘膝而坐，保持平静呼吸，左手持一念珠，使念珠对准右侧穴位，心中默念"1、2、3、4、5、6、7、8"摩擦穴位，重复 8 次，共 64 次。对侧也按相同方法操作。

## （十四）调理胃溃疡念珠操

胃溃疡是消化性溃疡的一种，最典型的症状是左腹或脐上部痛。除疼痛外，还伴有反酸、胃灼热、嗳气、呃逆、恶心、呕吐、便血等症状。胃溃疡患者要避免精神紧张，讲究生活规律，尽量不吃或少吃辛辣食物，避免急躁和紧张情绪，平时经常用念珠按摩一些特定穴位，能够扩张胃肠道黏膜下的血管，增强胃肠道的供血，从而缓解胃溃疡的症状。

### 1. 入静调心

瞑目静坐，两唇轻合，舌抵上腭，摒除思虑，平缓深呼吸，静心凝神。双手握念珠放在大腿上，双手拇指和食指顺时针捻动念珠，如为佛教徒可在心中反复默念"南无观世音菩萨"5~10分钟；非佛教徒可随自己平缓深呼吸，默念呼吸次数5~10分钟。

### 2. 特效穴位及手法

**中脘：** 用念珠选择"点压"手法按压穴位。

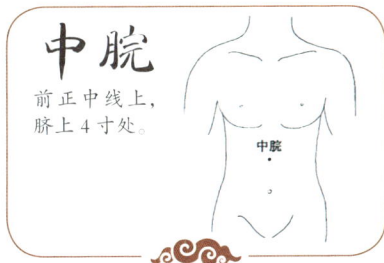

**脾俞：** 用念珠选择"摩擦"手法按压穴位。

**胃俞：** 用念珠选择"摩擦"手法按压穴位。

**足三里：** 用念珠选择"点压"手法按压穴位。

**阳陵泉：** 用念珠选择"点压"手法按压穴位。

**三阴交：** 用念珠选择"点压"手法按压穴位。

中脘
前正中线上，脐上4寸处。
中脘

盘膝而坐，保持平静呼吸，左手持一念珠，使念珠对准穴位，心中默念"1、2、3、4、5、6、7、8"按压穴位，重复8次，共64次。

第三篇

—盘念珠，带给您不一样的养生感受—

## 脾俞

第11胸椎棘突下，正中线旁开1.5寸。

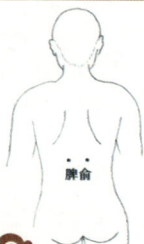

盘膝而坐，保持平静呼吸，左手持一念珠，使念珠对准右侧穴位，心中默念"1、2、3、4、5、6、7、8"摩擦穴位，重复8次，共64次。对侧也按相同方法操作。

## 胃俞

第12胸椎棘突下，旁开1.5寸。

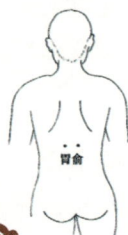

盘膝而坐，保持平静呼吸，左手持一念珠，使念珠对准右侧穴位，心中默念"1、2、3、4、5、6、7、8"摩擦穴位，重复8次，共64次。对侧也按相同方法操作。

## 足三里

外膝眼正中直下3寸，胫骨外侧旁开1横指（中指）。

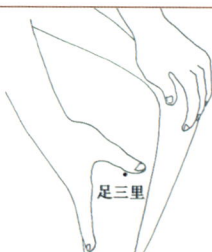

保持平静呼吸，右手持一念珠，使念珠对准右侧穴位，心中默念"1、2、3、4、5、6、7、8"按压穴位，重复8次，共64次。对侧也按相同方法操作。

# 阳陵泉

在小腿外侧，腓骨头前下方凹陷处。

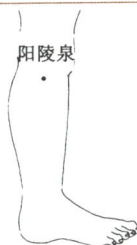

阳陵泉

保持平静呼吸，右手持一念珠，使念珠对准右侧穴位，心中默念"1、2、3、4、5、6、7、8"按压穴位，重复8次，共64次。对侧也按相同方法操作。

# 三阴交

足内踝尖上3寸，胫骨内侧缘后方。

三阴交

保持平静呼吸，左手持一念珠，使念珠对准右侧穴位，心中默念"1、2、3、4、5、6、7、8"按压穴位，重复8次，共64次。对侧也按相同方法操作。

第三篇　——盘念珠，带给您不一样的养生感受——

## （十五）改善食欲不振念珠操

健康规律的饮食习惯是身体功能正常和健康运转的重要保证。引起食欲不振的病因很多，常常由于气候变化、过度的体力和脑力劳动、精神情绪疲劳等原因所致。通过念珠按摩一些特定穴位可有效的调理脾胃功能，促进消化、增强食欲。

### 1. 入静调心

瞑目静坐，两唇轻合，舌抵上腭，摒除思虑，平缓深呼吸，静心凝神。双手握念珠放在大腿上，双手拇指和食指顺时针捻动念珠，如为佛教徒可在心中反复默念"南无观世音菩萨"5~10分钟；非佛教徒可随自己平缓深呼吸，默念呼吸次数5~10分钟。

### 2. 特效穴位及手法

**中脘：** 用念珠选择"点压"手法按压穴位。

**脾俞：** 用念珠选择"摩擦"手法按压穴位。

**胃俞：** 用念珠选择"摩擦"手法按压穴位。

**足三里：** 用念珠选择"点压"手法按压穴位。

**三阴交：** 用念珠选择"点压"手法按压穴位。

中脘

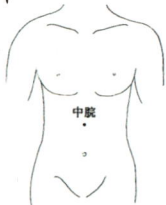

前正中线上，脐上4寸处。

盘膝而坐，保持平静呼吸，左手持一念珠，使念珠对准穴位，心中默念"1、2、3、4、5、6、7、8"按压穴位，重复8次，共64次。

## 脾俞

第 11 胸椎棘突下，正中线旁开 1.5 寸。

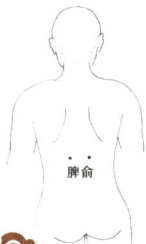

脾俞

盘膝而坐，保持平静呼吸，左手持一念珠，使念珠对准右侧穴位，心中默念"1、2、3、4、5、6、7、8"摩擦穴位，重复8次，共64次。对侧也按相同方法操作。

## 胃俞

第 12 胸椎棘突下，旁开1.5寸。

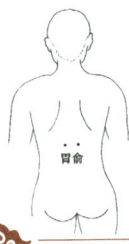

胃俞

盘膝而坐，保持平静呼吸，左手持一念珠，使念珠对准右侧穴位，心中默念"1、2、3、4、5、6、7、8"摩擦穴位，重复8次，共64次。对侧也按相同方法操作。

## 足三里

外膝眼正中直下 3 寸，胫骨外侧旁开1横指（中指）。

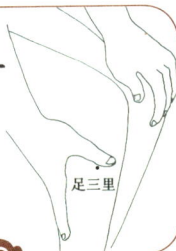

足三里

保持平静呼吸，右手持一念珠，使念珠对准右侧穴位，心中默念"1、2、3、4、5、6、7、8"按压穴位，重复8次，共64次。对侧也按相同方法操作。

## 三阴交

足内踝尖上 3 寸，胫骨内侧缘后方。

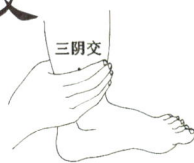

三阴交

保持平静呼吸，左手持一念珠，使念珠对准右侧穴位，心中默念"1、2、3、4、5、6、7、8"按压穴位，重复8次，共64次。对侧也按相同方法操作。

第三篇 ——盘念珠，带给您不一样的养生感受——

## （十六）缓解打嗝念珠操

打嗝（呃逆）是一种不能自制的症状，吃东西吃得过快、过饱，受到寒冷刺激等都会导致打嗝。打嗝主要是由胃气上逆，引起膈肌痉挛和胃痉挛而产生。使用念珠按摩一些特定穴位，可以起到疏通胃气，让上逆的胃气往下走的作用，从而缓解打嗝的症状。

### 1. 入静调心

瞑目静坐，两唇轻合，舌抵上腭，摒除思虑，平缓深呼吸，静心凝神。双手握念珠放在大腿上，双手拇指和食指顺时针捻动念珠，如为佛教徒可在心中反复默念"南无观世音菩萨"5~10分钟；非佛教徒可随自己平缓深呼吸，默念呼吸次数5~10分钟。

### 2. 特效穴位及手法

**攒竹：** 用念珠选择"点压"手法按压穴位。

**翳风：** 用念珠选择"点压"手法按压穴位。

**内关：** 用念珠选择"点压"手法按压穴位。

**合谷：** 用念珠选择"点压"手法按压穴位。

**膻中：** 用念珠选择"点压"手法按压穴位。

**中脘：** 用念珠选择"点压"手法按压穴位。

攒竹

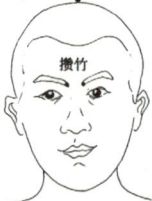

眉毛内侧边缘凹陷处。

盘膝而坐，保持平静呼吸，左手持一念珠，使念珠对准左侧穴位，心中默念"1、2、3、4、5、6、7、8"按压穴位，重复8次，共64次。对侧也按相同方法操作。

## 翳风

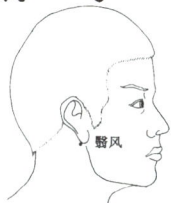

在耳垂后方，颞骨乳突下端前方凹陷中。

盘膝而坐，保持平静呼吸，左手持一念珠，使念珠对准左侧穴位，心中默念"1、2、3、4、5、6、7、8"按压穴位，重复8次，共64次。对侧也按相同方法操作。

## 内关

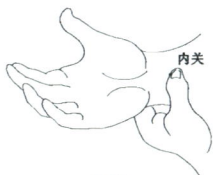

前臂掌侧，腕掌横纹中点向上2寸，掌长肌肌腱与桡侧腕屈肌肌腱之间。

盘膝而坐，保持平静呼吸，右手持一念珠，使念珠对准左侧穴位，心中默念"1、2、3、4、5、6、7、8"按压穴位，重复8次，共64次。对侧也按相同方法操作。

## 合谷

在手背，第1、2掌骨间，第2掌骨桡侧的中点处。

盘膝而坐，保持平静呼吸，右手持一念珠，使念珠对准左侧穴位，心中默念"1、2、3、4、5、6、7、8"按压穴位，重复8次，共64次。对侧也按相同方法操作。

## 膻中

在前正中线上，两乳头连线的中点处。

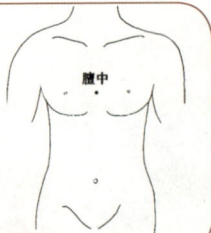

膻中

## 中脘

前正中线上，脐上4寸处。

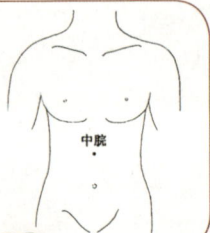

中脘

盘膝而坐，保持平静呼吸，左手持一念珠，使念珠对准穴位，心中默念"1、2、3、4、5、6、7、8"按压穴位，重复8次，共64次。

盘膝而坐，保持平静呼吸，左手持一念珠，使念珠对准穴位，心中默念"1、2、3、4、5、6、7、8"按压穴位，重复8次，共64次。

## （十七）防治脱肛念珠操

脱肛是指直肠、肛管在排便后向下脱出于肛门之外，以老年人和小儿多见。病初仅大便时肛门脱垂，能自行回缩；病久则脱出较长，需用手托纳回。当行走、劳累、咳嗽、用力时脱出，肛门坠胀不适。发生脱肛时宜平卧休息，平时应加强锻炼，排便时不要太用力，坚持用念珠按摩一些特效穴位，也可有效防治脱肛。

### 1. 入静调心

瞑目静坐，两唇轻合，舌抵上腭，摒除思虑，平缓深呼吸，静心凝神。双手握念珠放在大腿上，双手拇指和食指顺时针捻动念珠，如为佛教徒可在心中反复默念"南无观世音菩萨"5~10分钟；非佛教徒可随自己平缓深呼吸，默念呼吸次数5~10分钟。

## 2. 特效穴位及手法

**百会：** 用念珠选择"点压"手法按压穴位。

**气海：** 用念珠选择"点压"手法按压穴位。

**关元：** 用念珠选择"点压"手法按压穴位。

**脾俞：** 用念珠选择"摩擦"手法按压穴位。

**胃俞：** 用念珠选择"摩擦"手法按压穴位。

**足三里：** 用念珠选择"点压"手法按压穴位。

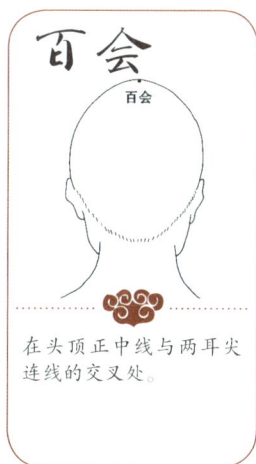

在头顶正中线与两耳尖连线的交叉处。

盘膝而坐，保持平静呼吸，左手持一念珠，使念珠对准穴位，心中默念"1、2、3、4、5、6、7、8"按压穴位，重复8次，共64次。

盘念珠，带给您不一样的养生感受

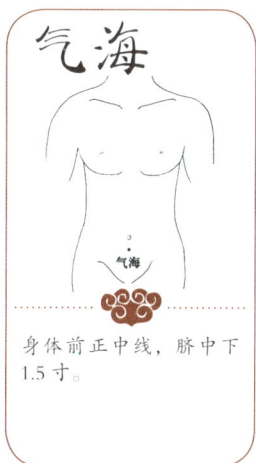

身体前正中线，脐中下1.5寸。

盘膝而坐，保持平静呼吸，左手持一念珠，使念珠对准穴位，心中默念"1、2、3、4、5、6、7、8"按压穴位，重复8次，共64次。

## 关元

身体前正中线上，脐中下3寸。

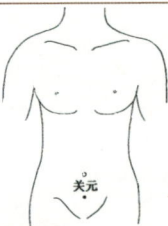

盘膝而坐，保持平静呼吸，左手持一念珠，使念珠对准穴位，心中默念"1、2、3、4、5、6、7、8"按压穴位，重复8次，共64次。

## 脾俞

第11胸椎棘突下，正中线旁开1.5寸。

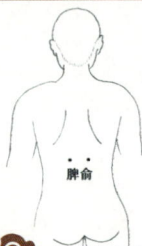

盘膝而坐，保持平静呼吸，左手持一念珠，使念珠对准右侧穴位，心中默念"1、2、3、4、5、6、7、8"摩擦穴位，重复8次，共64次。对侧也按相同方法操作。

## 胃俞

第12胸椎棘突下，旁开1.5寸。

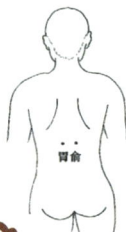

盘膝而坐，保持平静呼吸，左手持一念珠，使念珠对准右侧穴位，心中默念"1、2、3、4、5、6、7、8"摩擦穴位，重复8次，共64次。对侧也按相同方法操作。

## 足三里

外膝眼正中直下3寸，胫骨外侧旁开1横指（中指）。

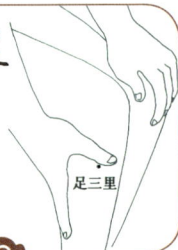

保持平静呼吸，右手持一念珠，使念珠对准右侧穴位，心中默念"1、2、3、4、5、6、7、8"按压穴位，重复8次，共64次。对侧也按相同方法操作。

## （十八）预防便秘念珠操

便秘是指大便次数减少和（或）粪便干燥难解。除养成定时排便的习惯、调整饮食习惯（多吃富含纤维素的食物）、多饮水、适当运动、保持良好的情绪外，使用念珠按摩一些特定穴位，可也起到预防便秘的作用。

### 1. 入静调心

瞑目静坐，两唇轻合，舌抵上腭，摒除思虑，平缓深呼吸，静心凝神。双手握念珠放在大腿上，双手拇指和食指顺时针捻动念珠，如为佛教徒可在心中反复默念"南无观世音菩萨"5~10分钟；非佛教徒可随自己平缓深呼吸，默念呼吸次数5~10分钟。

### 2. 特效穴位及手法

**曲池：** 用念珠选择"点压"手法按压穴位。

**天枢：** 用念珠选择"点压"手法按压穴位。

**大横：** 用念珠选择"点压"手法按压穴位。

**上巨虚：** 用念珠选择"点压"手法按压穴位。

**承山：** 用念珠选择"点压"手法按压穴位。

# 曲池

肘部弯曲时肘横纹桡侧端。

盘膝而坐，保持平静呼吸，右手持一念珠，使念珠对准左侧穴位，心中默念"1、2、3、4、5、6、7、8"按压穴位，重复8次，共64次。对侧也按相同方法操作。

## 天枢

脐中旁开2寸。

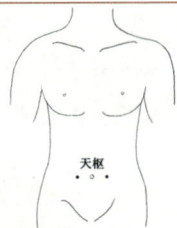

盘膝而坐，保持平静呼吸，左手持一念珠，使念珠对准左侧穴位，心中默念"1、2、3、4、5、6、7、8"按压穴位，重复8次，共64次。对侧也按相同方法操作。

## 大横

在腹中部，距脐中4寸。

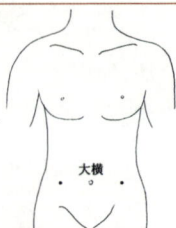

盘膝而坐，保持平静呼吸，右手持一念珠，使念珠对准右侧穴位，心中默念"1、2、3、4、5、6、7、8"按压穴位，重复8次，共64次。对侧也按相同方法操作。

## 上巨虚

足三里穴下3寸。

保持平静呼吸，右手持一念珠，使念珠对准右侧穴位，心中默念"1、2、3、4、5、6、7、8"按压穴位，重复8次，共64次。对侧也按相同方法操作。

## 承山

在小腿后面正中，伸直小腿或足跟上提时，腓肠肌肌腹下出现的"人"字纹顶端凹陷处。

保持平静呼吸，右手持一念珠，使念珠对准左侧穴位，心中默念"1、2、3、4、5、6、7、8"按压穴位，重复8次，共64次。对侧也按相同方法操作。

## （十九）缓解痛经念珠操

痛经是指女性经期前后或行经期间，出现下腹部痉挛性疼痛，并伴有全身不适，严重者会影响日常生活。"不通则痛""不荣则痛"，经常用念珠按摩特定穴位来调整经络气血运行，可帮你解除痛经之苦。

### 1. 入静调心

瞑目静坐，两唇轻合，舌抵上腭，摒除思虑，平缓深呼吸，静心凝神。双手握念珠放在大腿上，双手拇指和食指顺时针捻动念珠，如为佛教徒可在心中反复默念"南无观世音菩萨"5~10分钟；非佛教徒可随自己平缓深呼吸，默念呼吸次数5~10分钟。

### 2. 特效穴位及手法

**合谷：** 用念珠选择"点压"手法按压穴位。

**关元：** 用念珠选择"点压"手法按压穴位。

**地机：** 用念珠选择"点压"手法按压穴位。

**三阴交：** 用念珠选择"点压"手法按压穴位。

**足三里：** 用念珠选择"点压"手法按压穴位。

**合谷**

在手背，第1、2掌骨间，第2掌骨桡侧的中点处。

盘膝而坐，保持平静呼吸，右手持一念珠，使念珠对准左侧穴位，心中默念"1、2、3、4、5、6、7、8"按压穴位，重复8次，共64次。对侧也按相同方法操作。

## 关元

身体前正中线上，脐中下3寸。

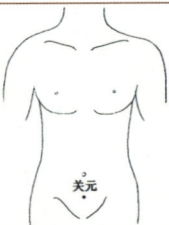

盘膝而坐，保持平静呼吸，右手持一念珠，使念珠对准穴位，心中默念"1、2、3、4、5、6、7、8"按压穴位，重复8次，共64次。

## 地机

在小腿内侧，内踝尖与阴陵泉的连线上，阴陵泉下3寸。

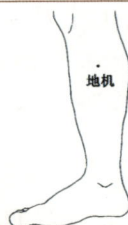

盘膝而坐，保持平静呼吸，右手持一念珠，使念珠对准右侧穴位，心中默念"1、2、3、4、5、6、7、8"按压穴位，重复8次，共64次。对侧也按相同方法操作。

## 三阴交

足内踝尖上3寸，胫骨内侧缘后方。

盘膝而坐，保持平静呼吸，右手持一念珠，使念珠对准右侧穴位，心中默念"1、2、3、4、5、6、7、8"按压穴位，重复8次，共64次。对侧也按相同方法操作。

## 足三里

外膝眼正中直下3寸，胫骨外侧旁开1横指（中指）。

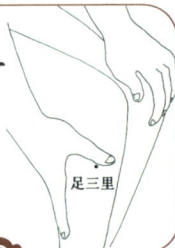

保持平静呼吸，右手持一念珠，使念珠对准右侧穴位，心中默念"1、2、3、4、5、6、7、8"按压穴位，重复8次，共64次。对侧也按相同方法操作。

## （二十）防治盆腔炎念珠操

慢性盆腔炎往往是盆腔炎急性期治疗不彻底迁延而来，主要表现为下腹部不适，有坠胀和疼痛感觉，下腹部酸痛，白带量增多，还可伴有疲乏、全身不适等症状。在劳累、性生活后、排便及月经前后症状加重。日常生活中用念珠按摩一些特效穴位，也有助于慢性盆腔炎的治疗。

### 1. 入静调心

瞑目静坐，两唇轻合，舌抵上腭，摒除思虑，平缓深呼吸，静心凝神。双手握念珠放在大腿上，双手拇指和食指顺时针捻动念珠，如为佛教徒可在心中反复默念"南无观世音菩萨"5~10分钟；非佛教徒可随自己平缓深呼吸，默念呼吸次数5~10分钟。

### 2. 特效穴位及手法

**中极：** 用念珠选择"点压"手法按压穴位。

**子宫：** 用念珠选择"点压"手法按压穴位。

**三阴交：** 用念珠选择"点压"手法按压穴位。

**阴陵泉：** 用念珠选择"点压"手法按压穴位。

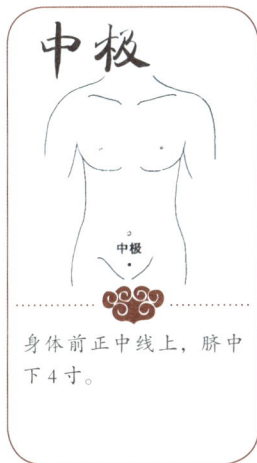

中极

身体前正中线上，脐中下4寸。

盘膝而坐，保持平静呼吸，右手持一念珠，使念珠对准穴位，心中默念"1、2、3、4、5、6、7、8"按压穴位，重复8次，共64次。

## 子宫

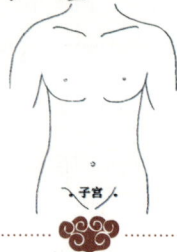

脐中下4寸，中极旁开3寸。

盘膝而坐，保持平静呼吸，右手持一念珠，使念珠对准右侧穴位，心中默念"1、2、3、4、5、6、7、8"按压穴位，重复8次，共64次。对侧也按相同方法操作。

## 三阴交

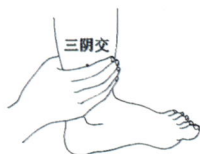

足内踝尖上3寸，胫骨内侧缘后方。

盘膝而坐，保持平静呼吸，右手持一念珠，使念珠对准右侧穴位，心中默念"1、2、3、4、5、6、7、8"按压穴位，重复8次，共64次。对侧也按相同方法操作。

## 阴陵泉

在小腿内侧，膝下胫骨内侧髁下方凹陷中。

盘膝而坐，保持平静呼吸，右手持一念珠，使念珠对准右侧穴位，心中默念"1、2、3、4、5、6、7、8"按压穴位，重复8次，共64次。对侧也按相同方法操作。

## （二十一）调理月经失调念珠操

月经失调是指月经的周期、经期或经量出现异常，如月经提前或推后，经期延长，月经量过多、过少等。中医学认为，月经周期的异常一般与脏腑功能紊乱有关，经量的多少与气血的虚实有关。月经失调患者日常生活中坚持用念珠按摩一些特效穴位，可达到辅助治疗的效果。

### 1. 入静调心

瞑目静坐，两唇轻合，舌抵上腭，摒除思虑，平缓深呼吸，静心凝神。双手握念珠放在大腿上，双手拇指和食指顺时针捻动念珠，如为佛教徒可在心中反复默念"南无观世音菩萨"5~10分钟；非佛教徒可随自己平缓深呼吸，默念呼吸次数5~10分钟。

### 2. 特效穴位及手法

**气海：** 用念珠选择"点压"手法按压穴位。

**关元：** 用念珠选择"点压"手法按压穴位。

**血海：** 用念珠选择"点压"手法按压穴位。

**三阴交：** 用念珠选择"点压"手法按压穴位。

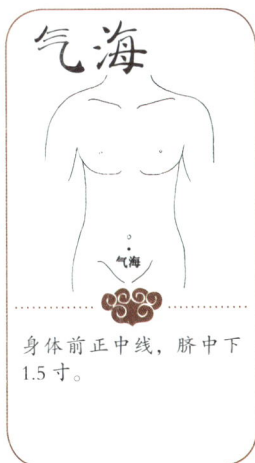

气海

身体前正中线，脐中下1.5寸。

盘膝而坐，保持平静呼吸，右手持一念珠，使念珠对准穴位，心中默念"1、2、3、4、5、6、7、8"按压穴位，重复8次，共64次。

## 关元

身体前正中线上，脐中下3寸。

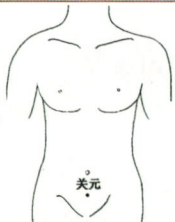

关元

盘膝而坐，保持平静呼吸，右手持一念珠，使念珠对准穴位，心中默念"1、2、3、4、5、6、7、8"按压穴位，重复8次，共64次。

## 血海

在大腿内侧，髌骨内上缘上2寸。

血海

盘膝而坐，保持平静呼吸，右手持一念珠，使念珠对准右侧穴位，心中默念"1、2、3、4、5、6、7、8"按压穴位，重复8次，共64次。对侧也按相同方法操作。

## 三阴交

足内踝尖上3寸，胫骨内侧缘后方。

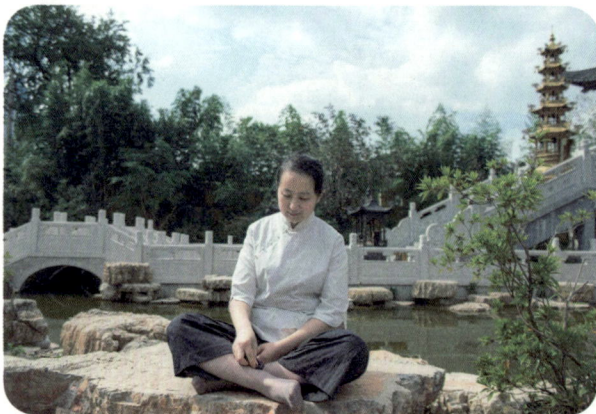

三阴交

盘膝而坐，保持平静呼吸，右手持一念珠，使念珠对准右侧穴位，心中默念"1、2、3、4、5、6、7、8"按压穴位，重复8次，共64次。对侧也按相同方法操作。

## （二十二）调理围绝经期综合征念珠操

围绝经期综合征是由雌激素水平下降而引起的一系列症状。中医学认为，本病的根本在于肾、心、肝。通过念珠按摩一些特定穴位可起到补肾疏肝、调理气血的作用，可有效地缓解围绝经期综合征患者的生理和心理症状。

### 1. 入静调心

瞑目静坐，两唇轻合，舌抵上腭，摒除思虑，平缓深呼吸，静心凝神。双手握念珠放在大腿上，双手拇指和食指顺时针捻动念珠，如为佛教徒可在心中反复默念"南无观世音菩萨"5~10分钟；非佛教徒可随自己平缓深呼吸，默念呼吸次数5~10分钟。

### 2. 特效穴位及手法

**百会：**用念珠选择"点压"手法按压穴位。

**合谷：**用念珠选择"点压"手法按压穴位。

**内关：**用念珠选择"点压"手法按压穴位。

**关元：**用念珠选择"点压"手法按压穴位。

**三阴交：**用念珠选择"点压"手法按压穴位。

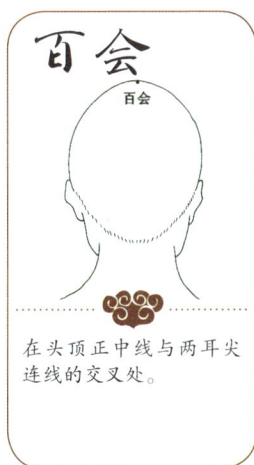

百会

百会

在头顶正中线与两耳尖连线的交叉处。

盘膝而坐，保持平静呼吸，右手持一念珠，使念珠对准穴位，心中默念"1、2、3、4、5、6、7、8"按压穴位，重复8次，共64次。

# 合谷

在手背，第1、2掌骨间，第2掌骨桡侧的中点处。

盘膝而坐，保持平静呼吸，右手持一念珠，使念珠对准左侧穴位，心中默念"1、2、3、4、5、6、7、8"按压穴位，重复8次，共64次。对侧也按相同方法操作。

# 内关

前臂掌侧，腕掌横纹中点向上2寸，掌长肌肌腱与桡侧腕屈肌肌腱之间。

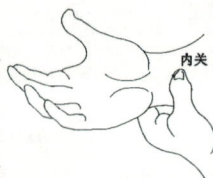

盘膝而坐，保持平静呼吸，右手持一念珠，使念珠对准左侧穴位，心中默念"1、2、3、4、5、6、7、8"按压穴位，重复8次，共64次。对侧也按相同方法操作。

# 关元

身体前正中线上，脐中下3寸。

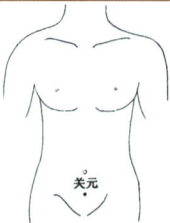

盘膝而坐，保持平静呼吸，右手持一念珠，使念珠对准穴位，心中默念"1、2、3、4、5、6、7、8"按压穴位，重复8次，共64次。

# 三阴交

足内踝尖上3寸，胫骨内侧缘后方。

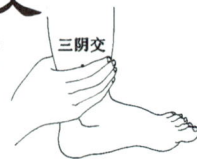

盘膝而坐，保持平静呼吸，右手持一念珠，使念珠对准右侧穴位，心中默念"1、2、3、4、5、6、7、8"按压穴位，重复8次，共64次。对侧也按相同方法操作。

### （二十三）防治前列腺炎念珠操

前列腺炎主要表现为排尿时灼痛、尿频、尿急、排尿不畅，尿流变细或中断，严重时有尿潴留，尿道烧灼感、蚁行感、会阴、肛门部疼痛，并逐渐向腰骶、下腹、大腿等部位放射。前列腺炎患者日常生活中应养成良好的生活习惯，不吸烟、不饮酒，及时排尿，再坚持用念珠按摩一些特效穴位，能起到很好的防治作用。

#### 1. 入静调心

瞑目静坐，两唇轻合，舌抵上腭，摒除思虑，平缓深呼吸，静心凝神。双手握念珠放在大腿上，双手拇指和食指顺时针捻动念珠，如为佛教徒可在心中反复默念"南无观世音菩萨"5~10分钟；非佛教徒可随自己平缓深呼吸，默念呼吸次数5~10分钟。

#### 2. 特效穴位及手法

**中极：** 用念珠选择"点压"手法按压穴位。

**三阴交：** 用念珠选择"点压"手法按压穴位。

**阴陵泉：** 用念珠选择"点压"手法按压穴位。

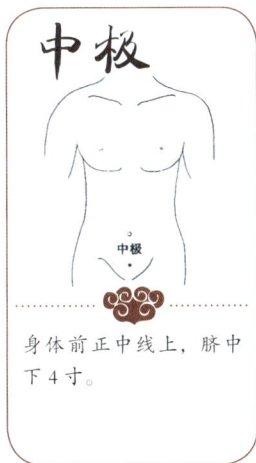

**中极**

身体前正中线上，脐中下4寸。

盘膝而坐，保持平静呼吸，左手持一念珠，使念珠对准穴位，心中默念"1、2、3、4、5、6、7、8"按压穴位，重复8次，共64次。

# 三阴交

足内踝尖上3寸，胫骨内侧缘后方。

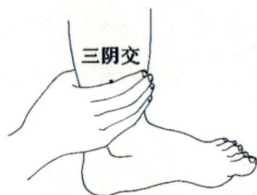

保持平静呼吸，左手持一念珠，使念珠对准右侧穴位，心中默念"1、2、3、4、5、6、7、8"按压穴位，重复8次，共64次。对侧也按相同方法操作。

# 阴陵泉

在小腿内侧，膝下胫骨内侧髁下方凹陷中。

保持平静呼吸，左手持一念珠，使念珠对准右侧穴位，心中默念"1、2、3、4、5、6、7、8"按压穴位，重复8次，共64次。对侧也按相同方法操作。

## （二十四）防治阳痿念珠操

阳痿又称勃起功能障碍，是指在有性欲要求时，阴茎不能勃起或勃起不坚，或者虽然有勃起且有一定程度的硬度，但不能保持性生活的足够时间，因而妨碍性生活或不能完成性生活。日常生活中，持之以恒地用念珠按摩一些特定穴位，有助于治疗此病症。

### 1. 入静调心

瞑目静坐，两唇轻合，舌抵上腭，摒除思虑，平缓深呼吸，静心凝神。双手握念珠放在大腿上，双手拇指和食指顺时针捻动念珠，如为佛教徒可在心中反复默念"南无观世音菩萨"5~10分钟；非佛教徒可随自己平缓深呼吸，默念呼吸次数5~10分钟。

### 2. 特效穴位及手法

**百会：** 用念珠选择"点压"手法按压穴位。

**关元：** 用念珠选择"点压"手法按压穴位。

**命门：** 用念珠选择"摩擦"手法按压穴位。

**三阴交：** 用念珠选择"点压"手法按压穴位。

**阳陵泉：** 用念珠选择"点压"手法按压穴位。

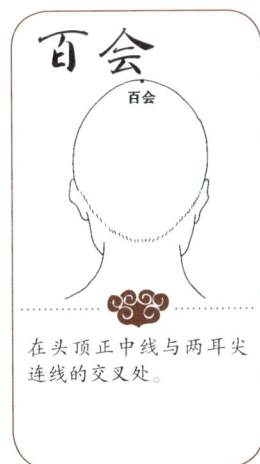

百会

百会

在头顶正中线与两耳尖连线的交叉处。

盘膝而坐，保持平静呼吸，左手持一念珠，使念珠对准穴位，心中默念"1、2、3、4、5、6、7、8"按压穴位，重复8次，共64次。

## 关元

身体前正中线上，脐中下3寸。

关元

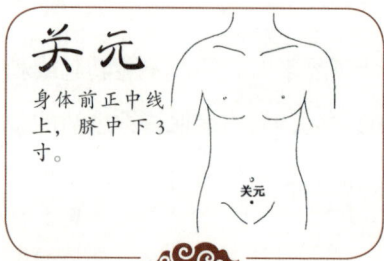

盘膝而坐，保持平静呼吸，左手持一念珠，使念珠对准穴位，心中默念"1、2、3、4、5、6、7、8"按压穴位，重复8次，共64次。

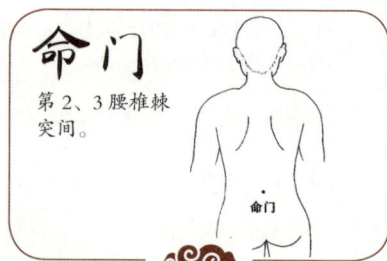

## 命门

第2、3腰椎棘突间。

命门

盘膝而坐，保持平静呼吸，左手持一念珠，使念珠对准侧穴位，心中默念"1、2、3、4、5、6、7、8"摩擦穴位，重复8次，共64次。

## 三阴交

足内踝尖上3寸，胫骨内侧缘后方。

三阴交

保持平静呼吸，左手持一念珠，使念珠对准右侧穴位，心中默念"1、2、3、4、5、6、7、8"按压穴位，重复8次，共64次。对侧也按相同方法操作。

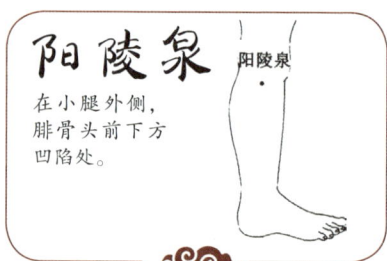

## 阳陵泉

在小腿外侧，腓骨头前下方凹陷处。

阳陵泉

保持平静呼吸，右手持一念珠，使念珠对准右侧穴位，心中默念"1、2、3、4、5、6、7、8"按压穴位，重复8次，共64次。对侧也按相同方法操作。

### （二十五）防治性冷淡念珠操

性冷淡在心理学上被称为"性感缺乏"，以女性居多，主要表现为性欲淡漠、性交疼痛、精神萎靡不振等，还可伴有记忆力减退、腰酸乏力、四肢困倦、毛发脱落等现象。平时坚持用念珠按摩一些特效穴位，有助于防治性冷淡。

#### 1. 入静调心

瞑目静坐，两唇轻合，舌抵上腭，摒除思虑，平缓深呼吸，静心凝神。双手握念珠放在大腿上，双手拇指和食指顺时针捻动念珠，如为佛教徒可在心中反复默念"南无观世音菩萨"5~10分钟；非佛教徒可随自己平缓深呼吸，默念呼吸次数5~10分钟。

#### 2. 特效穴位及手法

**百会：** 用念珠选择"点压"手法按压穴位。

**命门：** 用念珠选择"摩擦"手法按压穴位。

**肾俞：** 用念珠选择"摩擦"手法按压穴位。

**气海：** 用念珠选择"点压"手法按压穴位。

**关元：** 用念珠选择"点压"手法按压穴位。

**三阴交：** 用念珠选择"点压"手法按压穴位。

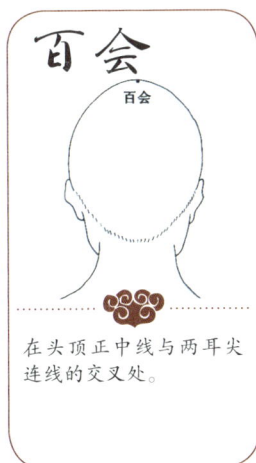

百会

百会

在头顶正中线与两耳尖连线的交叉处。

盘膝而坐，保持平静呼吸，左手持一念珠，使念珠对准穴位，心中默念"1、2、3、4、5、6、7、8"按压穴位，重复8次，共64次。

## 命门

第2、3腰椎棘突间。

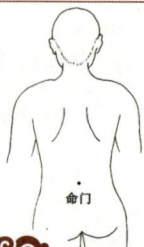

命门

盘膝而坐，保持平静呼吸，左手持一念珠，使念珠对准侧穴位，心中默念"1、2、3、4、5、6、7、8"摩擦穴位，重复8次，共64次。

## 肾俞

第2腰椎棘突下，正中线旁开1.5寸处。

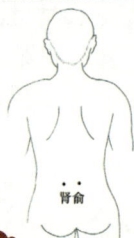

肾俞

盘膝而坐，保持平静呼吸，左手持一念珠，使念珠对准右侧穴位，心中默念"1、2、3、4、5、6、7、8"摩擦穴位，重复8次，共64次。对侧也按相同方法操作。

## 气海

身体前正中线，脐中下1.5寸。

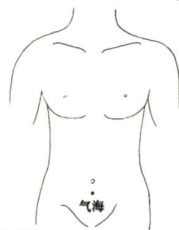

气海

盘膝而坐，保持平静呼吸，左手持一念珠，使念珠对准穴位，心中默念"1、2、3、4、5、6、7、8"按压穴位，重复8次，共64次。

## 关元

身体前正中线上，脐中下3寸。

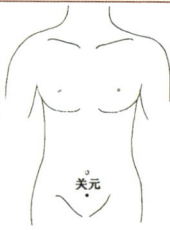

关元

盘膝而坐，保持平静呼吸，左手持一念珠，使念珠对准穴位，心中默念"1、2、3、4、5、6、7、8"按压穴位，重复8次，共64次。

# 三阴交

足内踝尖上 3 寸，胫骨内侧缘后方。

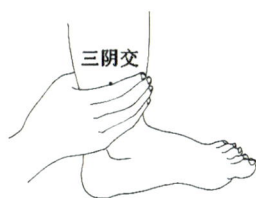

三阴交

保持平静呼吸，左手持一念珠，使念珠对准右侧穴位，心中默念"1、2、3、4、5、6、7、8"按压穴位，重复 8 次，共 64 次。对侧也按相同方法操作。

捻念珠，带给您不一样的养生感受

## （二十六）改善慢性疲劳综合征念珠操

慢性疲劳综合征是在现代高效、快节奏的生活方式下出现的长时期（连续 6 个月以上）原因不明的极度疲劳感觉或身体不适，可归属于中医学"虚劳""郁病"等范畴。中医认为，慢性疲劳综合征病位以肝、脾、肾为主，病机以气血失调为根本。通过念珠按摩一些特定穴位，可起到补益肝脾肾、益气活血的作用，达到调整全身疲劳状态、增强抗病能力的功效。

### 1. 入静调心

瞑目静坐，两唇轻合，舌抵上腭，摒除思虑，平缓深呼吸，静心凝神。双手握念珠放在大腿上，双手拇指和食指顺时针捻动念珠，如为佛教徒可在心中反复默念"南无观世音菩萨"5~10 分钟；非佛教徒可随自己平缓深呼吸，默念呼吸次数 5~10 分钟。

## 2. 特效穴位及手法

**百会：** 用念珠选择"点压"手法按压穴位。

**气海：** 用念珠选择"点压"手法按压穴位。

**关元：** 用念珠选择"点压"手法按压穴位。

**肾俞：** 用念珠选择"摩擦"手法按压穴位。

**脾俞：** 用念珠选择"摩擦"手法按压穴位。

**足三里：** 用念珠选择"点压"手法按压穴位。

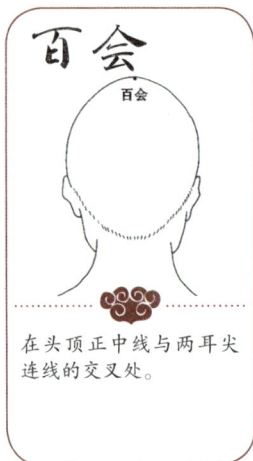

百会

在头顶正中线与两耳尖连线的交叉处。

盘膝而坐，保持平静呼吸，左手持一念珠，使念珠对准穴位，心中默念"1、2、3、4、5、6、7、8"按压穴位，重复8次，共64次。

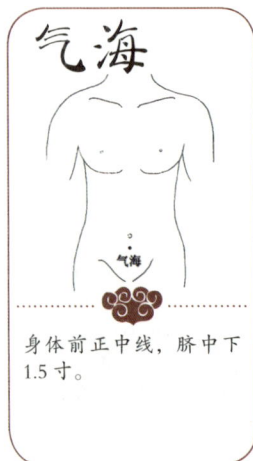

气海

身体前正中线，脐中下1.5寸。

盘膝而坐，保持平静呼吸，左手持一念珠，使念珠对准穴位，心中默念"1、2、3、4、5、6、7、8"按压穴位，重复8次，共64次。

## 关元

身体前正中线上，脐中下3寸。

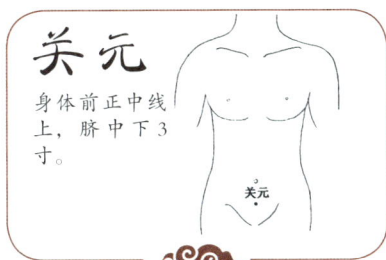

盘膝而坐，保持平静呼吸，左手持一念珠，使念珠对准穴位，心中默念"1、2、3、4、5、6、7、8"按压穴位，重复8次，共64次。

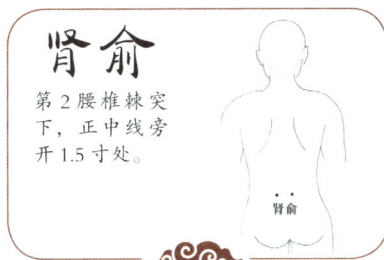

## 肾俞

第2腰椎棘突下，正中线旁开1.5寸处。

盘膝而坐，保持平静呼吸，左手持一念珠，使念珠对准右侧穴位，心中默念"1、2、3、4、5、6、7、8"摩擦穴位，重复8次，共64次。对侧也按相同方法操作。

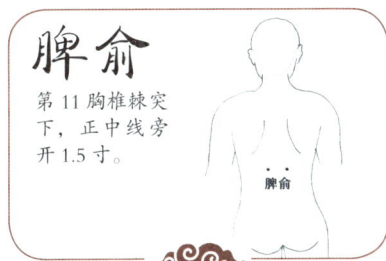

## 脾俞

第11胸椎棘突下，正中线旁开1.5寸。

盘膝而坐，保持平静呼吸，左手持一念珠，使念珠对准右侧穴位，心中默念"1、2、3、4、5、6、7、8"摩擦穴位，重复8次，共64次。对侧也按相同方法操作。

## 足三里

外膝眼正中直下3寸，胫骨外侧旁开1横指（中指）。

保持平静呼吸，右手持一念珠，使念珠对准右侧穴位，心中默念"1、2、3、4、5、6、7、8"按压穴位，重复8次，共64次。对侧也按相同方法操作。

## （二十七）缓解耳鸣念珠操

耳鸣是指自觉耳内鸣响，如闻蝉声或如潮声，可单侧或双侧发作，也可为头鸣，可持续性存在也可间歇性出现，时间久了就会给生活带来严重影响。中医学认为，肾开窍于耳，肾有病变，耳朵就可能有反应。平时坚持用念珠按摩一些特效穴位，有开窍聪耳、通络活血的功效，可以有效缓解耳鸣的症状。

### 1. 入静调心

瞑目静坐，两唇轻合，舌抵上腭，摒除思虑，平缓深呼吸，静心凝神。双手握念珠放在大腿上，双手拇指和食指顺时针捻动念珠，如为佛教徒可在心中反复默念"南无观世音菩萨"5~10分钟；非佛教徒可随自己平缓深呼吸，默念呼吸次数5~10分钟。

### 2. 特效穴位及手法

**听宫：** 用念珠选择"点压"手法按压穴位。

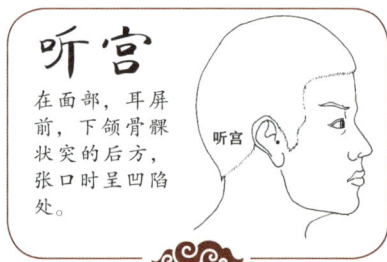

**风池：** 用念珠选择"摩擦"手法按压穴位。

**翳风：** 用念珠选择"点压"手法按压穴位。

**外关：** 用念珠选择"点压"手法按压穴位。

**肾俞：** 用念珠选择"摩擦"手法按压穴位。

**悬钟：** 用念珠选择"点压"手法按压穴位。

**听宫**

在面部，耳屏前，下颌骨髁状突的后方，张口时呈凹陷处。

盘膝而坐，保持平静呼吸，左手持一念珠，使念珠对准左侧穴位，心中默念"1、2、3、4、5、6、7、8"按压穴位，重复8次，共64次。对侧也按相同方法操作。

# 风池

在后头部，枕骨下两侧后发际处，斜方肌上端与胸锁乳突肌之间的凹陷处。

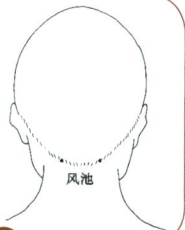

盘膝而坐，保持平静呼吸，左手持一念珠，使念珠对准左侧穴位，心中默念"1、2、3、4、5、6、7、8"摩擦穴位，重复8次，共64次。对侧也按相同方法操作。

# 翳风

在耳垂后方，颞骨乳突下端前方凹陷中。

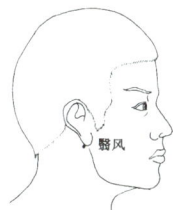

盘膝而坐，保持平静呼吸，左手持一念珠，使念珠对准左侧穴位，心中默念"1、2、3、4、5、6、7、8"按压穴位，重复8次，共64次。对侧也按相同方法操作。

# 外关

在前臂外侧，腕背横纹向上2寸，桡骨与尺骨之间。

盘膝而坐，保持平静呼吸，右手持一念珠，使念珠对准左侧穴位，心中默念"1、2、3、4、5、6、7、8"按压穴位，重复8次，共64次。对侧也按相同方法操作。

# 肾俞

第2腰椎棘突下，正中线旁开1.5寸处。

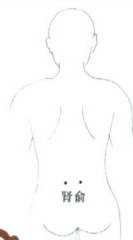

盘膝而坐，保持平静呼吸，左手持一念珠，使念珠对准右侧穴位，心中默念"1、2、3、4、5、6、7、8"摩擦穴位，重复8次，共64次。对侧也按相同方法操作。

第三篇 ——盘念珠，带给您不一样的养生感受——

悬钟

悬钟

在外踝尖上 3 寸，腓骨
前缘。

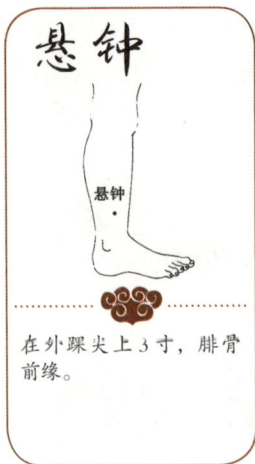

保持平静呼吸，右手持一念珠，使念珠对准右侧穴位，
心中默念"1、2、3、4、5、6、7、8"按压穴位，重
复 8 次，共 64 次。对侧也按相同方法操作。

## （二十八）缓解鼾症念珠操

鼾症俗称打呼噜，是指熟睡后鼾声响度增大超过 60dB 以上，妨碍
正常呼吸时的气体交换。打呼噜是健康的大敌，由于打呼噜使睡眠呼吸
反复暂停，造成大脑严重缺氧，形成低氧血症，而诱发高血压、心律失
常、心肌梗死、心绞痛等疾病。对于后天因素导致打鼾的情况，中医学
可以借助穴位按摩起到辅助治疗和预防的功效。

### 1. 入静调心

瞑目静坐，两唇轻合，舌抵上腭，摒除思虑，
平缓深呼吸，静心凝神。双手握念珠放在大腿上，双
手拇指和食指顺时针捻动念珠，如为佛教徒可在心中
反复默念"南无观世音菩萨"5~10 分钟；非佛教徒
可随自己平缓深呼吸，默念呼吸次数 5~10 分钟。

### 2. 特效穴位及手法

**天突：**用念珠选择"点压"手法按压穴位。

**膻中：**用念珠选择"点压"手法按压穴位。

**中脘：**用念珠选择"点压"手法按压穴位。

**丰隆：**用念珠选择"点压"手法按压穴位。

## 天突

在前正中线上，
胸骨上窝中央，
在左、右胸锁
乳突肌之间。

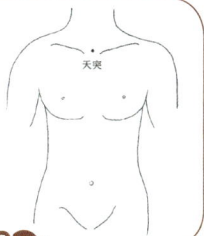

盘膝而坐，保持平静呼吸，右手持一念珠，使念珠对准穴位，心中默念"1、2、3、4、5、6、7、8"按压穴位，重复8次，共64次。

## 膻中

在前正中线上，
两乳头连线的
中点处。

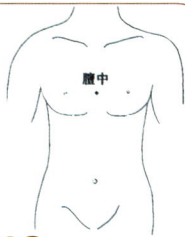

盘膝而坐，保持平静呼吸，左手持一念珠，使念珠对准穴位，心中默念"1、2、3、4、5、6、7、8"按压穴位，重复8次，共64次。

## 中脘

前正中线上，
脐上4寸处。

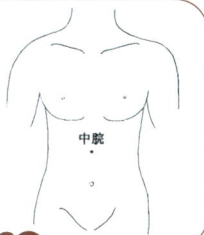

盘膝而坐，保持平静呼吸，左手持一念珠，使念珠对准穴位，心中默念"1、2、3、4、5、6、7、8"按压穴位，重复8次，共64次。

## 丰隆

小腿前外侧，
膝眼和外踝的
连线中点。

保持平静呼吸，右手持一念珠，使念珠对准右侧穴位，心中默念"1、2、3、4、5、6、7、8"按压穴位，重复8次，共64次。对侧也按相同方法操作。

第三篇 ——盘念珠，带给您不一样的养生感受——

## （二十九）缓解尿失禁念珠操

尿失禁是由于膀胱括约肌损伤或神经功能障碍而丧失排尿自控能力，使尿液不自主地流出，给日常生活带来极大的不便，也给患者心理带来很大的负担。中医学认为，尿失禁多与肾虚不固有关，坚持用念珠按摩一些特效穴位，能够调节经络，增强脏腑之气，调动机体功能，恢复膀胱与尿道对尿液的控制，可以有效缓解尿失禁症状。自主按摩主要适应于功能性尿失禁。

### 1. 入静调心

瞑目静坐，两唇轻合，舌抵上腭，摒除思虑，平缓深呼吸，静心凝神。双手握念珠放在大腿上，双手拇指和食指顺时针捻动念珠，如为佛教徒可在心中反复默念"南无观世音菩萨"5~10分钟；非佛教徒可随自己平缓深呼吸，默念呼吸次数5~10分钟。

### 2. 特效穴位及手法

**关元：** 用念珠选择"点压"手法按压穴位。

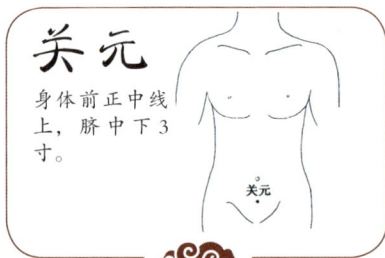

**中极：** 用念珠选择"点压"手法按压穴位。

**肾俞：** 用念珠选择"摩擦"手法按压穴位。

**水道：** 用念珠选择"点压"手法按压穴位。

**三阴交：** 用念珠选择"点压"手法按压穴位。

**关元**

身体前正中线上，脐中下3寸。

盘膝而坐，保持平静呼吸，左手持一念珠，使念珠对准穴位，心中默念"1、2、3、4、5、6、7、8"按压穴位，重复8次，共64次。

## 中极

身体前正中线上，脐中下4寸。

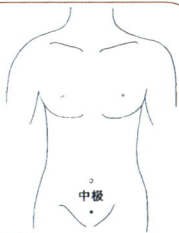

盘膝而坐，保持平静呼吸，左手持一念珠，使念珠对准穴位，心中默念"1、2、3、4、5、6、7、8"按压穴位，重复8次，共64次。

## 肾俞

第2腰椎棘突下，正中线旁开1.5寸处。

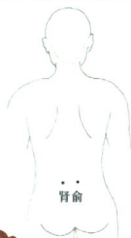

盘膝而坐，保持平静呼吸，左手持一念珠，使念珠对准右侧穴位，心中默念"1、2、3、4、5、6、7、8"摩擦穴位，重复8次，共64次。对侧也按相同方法操作。

## 水道

在下腹部，脐中下3寸，距前正中线2寸。

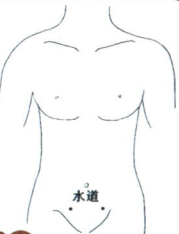

盘膝而坐，保持平静呼吸，左手持一念珠，使念珠对准左侧穴位，心中默念"1、2、3、4、5、6、7、8"按压穴位，重复8次，共64次。对侧也按相同方法操作。

## 三阴交

足内踝尖上3寸，胫骨内侧缘后方。

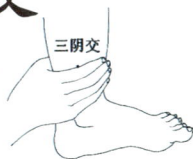

保持平静呼吸，左手持一念珠，使念珠对准右侧穴位，心中默念"1、2、3、4、5、6、7、8"按压穴位，重复8次，共64次。对侧也按相同方法操作。

第三篇 — 盘念珠，带给您不一样的养生感受

## （三十）缓解偏头痛念珠操

偏头痛是由于神经、血管性功能失调引起的疾病，以一侧头部疼痛反复发作，常伴有恶心、呕吐，对光及声音过敏等特点，以年轻的成年女性居多，多因肝经风火所致，经常使用念珠按摩特定穴位可缓解症状。

### 1. 入静调心

瞑目静坐，两唇轻合，舌抵上腭，摒除思虑，平缓深呼吸，静心凝神。双手握念珠放在大腿上，双手拇指和食指顺时针捻动念珠，如为佛教徒可在心中反复默念"南无观世音菩萨"5~10分钟；非佛教徒可随自己平缓深呼吸，默念呼吸次数5~10分钟。

### 2. 特效穴位及手法

**太阳：** 用念珠选择"点压"手法按压穴位。

**率谷：** 用念珠选择"点压"手法按压穴位。

**阿是穴：** 用念珠选择"点压"手法按压穴位。

**风池：** 用念珠选择"摩擦"手法按压穴位。

**外关：** 用念珠选择"点压"手法按压穴位。

太阳

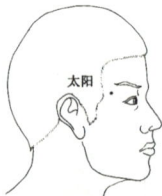

在耳郭前面，前额两侧，外眼角延长线的上方。

盘膝而坐，保持平静呼吸，左手持一念珠，使念珠对准左侧穴位，心中默念"1、2、3、4、5、6、7、8"按压穴位，重复8次，共64次。对侧也按相同方法操作。

# 率谷

在头部，耳尖直上入发际1.5寸。

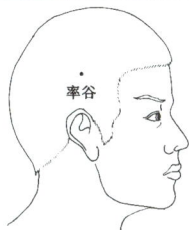

盘膝而坐，保持平静呼吸，左手持一念珠，使念珠对准左侧穴位，心中默念"1、2、3、4、5、6、7、8"按压穴位，重复8次，共64次。对侧也按相同方法操作。

# 风池

在后头部，枕骨下两侧后发际处，斜方肌上端与胸锁乳突肌之间的凹陷处。

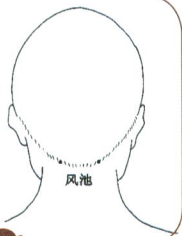

# 外关

在前臂外侧，腕背横纹向上2寸，桡骨与尺骨之间。

盘膝而坐，保持平静呼吸，左手持一念珠，使念珠对准左侧穴位，心中默念"1、2、3、4、5、6、7、8"摩擦穴位，重复8次，共64次。对侧也按相同方法操作。

盘膝而坐，保持平静呼吸，右手持一念珠，使念珠对准左侧穴位，心中默念"1、2、3、4、5、6、7、8"按压穴位，重复8次，共64次。对侧也按相同方法操作。

## （三十一）改善健忘念珠操

健忘症一般表现为记忆力差、遇事易忘，多发于中老年人群。持续的压力和紧张、过度吸烟、饮酒、缺乏维生素等会使脑细胞产生疲劳，使健忘症恶化。中医学认为，健忘症与心、脾、肾三脏密切相关，平时经常用念珠按摩一些特效穴位，可有效缓解健忘症。

### 1. 入静调心

瞑目静坐，两唇轻合，舌抵上腭，摒除思虑，平缓深呼吸，静心凝神。双手握念珠放在大腿上，双手拇指和食指顺时针捻动念珠，如为佛教徒可在心中反复默念"南无观世音菩萨"5~10分钟；非佛教徒可随自己平缓深呼吸，默念呼吸次数5~10分钟。

### 2. 特效穴位及手法

**内关：** 用念珠选择"点压"手法按压穴位。

**神门：** 用念珠选择"点压"手法按压穴位。

**肾俞：** 用念珠选择"摩擦"手法按压穴位。

**志室：** 用念珠选择"摩擦"手法按压穴位。

内关

前臂掌侧，腕掌横纹中点向上2寸，掌长肌肌腱与桡侧腕屈肌肌腱之间。

盘膝而坐，保持平静呼吸，右手持一念珠，使念珠对准左侧穴位，心中默念"1、2、3、4、5、6、7、8"按压穴位，重复8次，共64次。对侧也按相同方法操作。

## 神门

腕掌侧横纹尺侧端，尺侧腕屈肌肌腱的桡侧凹陷处。

神门

盘膝而坐，保持平静呼吸，右手持一念珠，使念珠对准左侧穴位，心中默念"1、2、3、4、5、6、7、8"按压穴位，重复8次，共64次。对侧也按相同方法操作。

## 肾俞

第2腰椎棘突下，正中线旁开1.5寸处。

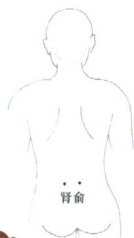

肾俞

盘膝而坐，保持平静呼吸，左手持一念珠，使念珠对准右侧穴位，心中默念"1、2、3、4、5、6、7、8"摩擦穴位，重复8次，共64次。对侧也按相同方法操作。

## 志室

第2腰椎棘突下，正中线旁开3寸。

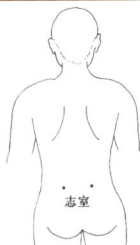

志室

盘膝而坐，保持平静呼吸，左手持一念珠，使念珠对准右侧穴位，心中默念"1、2、3、4、5、6、7、8"摩擦穴位，重复8次，共64次。对侧也按相同方法操作。

盘念珠，带给您不一样的养生感受

## （三十二）缓解眼睛疲劳念珠操

现代人每天长时间接触电脑、手机等，非常容易出现眼睛疲劳。通过念珠按摩一些特定穴位可快速让眼睛变得"精神饱满"起来，是一种能很好地缓解眼睛疲劳的方法。

### 1. 入静调心

瞑目静坐，两唇轻合，舌抵上腭，摒除思虑，平缓深呼吸，静心凝神。双手握念珠放在大腿上，双手拇指和食指顺时针捻动念珠，如为佛教徒可在心中反复默念"南无观世音菩萨"5~10分钟；非佛教徒可随自己平缓深呼吸，默念呼吸次数5~10分钟。

### 2. 特效穴位及手法

**睛明：** 用念珠选择"点压"手法按压穴位。

**太阳：** 用念珠选择"点压"手法按压穴位。

**风池：** 用念珠选择"摩擦"手法按压穴位。

**外关：** 用念珠选择"点压"手法按压穴位。

**合谷：** 用念珠选择"点压"手法按压穴位。

**光明：** 用念珠选择"点压"手法按压穴位。

睛明

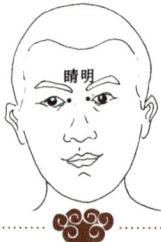

在眼部内侧，内眼角稍上方凹陷处。

盘膝而坐，保持平静呼吸，左手持一念珠，使念珠对准左侧穴位，心中默念"1、2、3、4、5、6、7、8"按压穴位，重复8次，共64次。对侧也按相同方法操作。

## 太阳

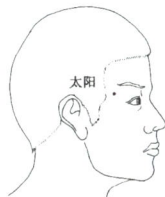

在耳郭前面，前额两侧，外眼角延长线的上方。

盘膝而坐，保持平静呼吸，左手持一念珠，使念珠对准左侧穴位，心中默念"1、2、3、4、5、6、7、8"按压穴位，重复8次，共64次。对侧也按相同方法操作。

## 风池

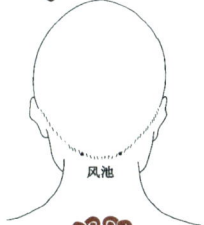

在后头部，枕骨下两侧后发际处，斜方肌上端与胸锁乳突肌之间的凹陷处。

盘膝而坐，保持平静呼吸，左手持一念珠，使念珠对准左侧穴位，心中默念"1、2、3、4、5、6、7、8"摩擦穴位，重复8次，共64次。对侧也按相同方法操作。

## 外关

在前臂外侧，腕背横纹向上2寸，桡骨与尺骨之间。

盘膝而坐，保持平静呼吸，右手持一念珠，使念珠对准左侧穴位，心中默念"1、2、3、4、5、6、7、8"按压穴位，重复8次，共64次。对侧也按相同方法操作。

第三篇 —— 盘念珠，带给您不一样的养生感受

## 合谷

在手背，第1、2掌骨间，第2掌骨桡侧的中点处。

合谷

## 光明

在小腿外侧，外踝尖上5寸，腓骨前缘。

光明

盘膝而坐，保持平静呼吸，右手持一念珠，使念珠对准左侧穴位，心中默念"1、2、3、4、5、6、7、8"按压穴位，重复8次，共64次。对侧也按相同方法操作。

保持平静呼吸，右手持一念珠，使念珠对准右侧穴位，心中默念"1、2、3、4、5、6、7、8"按压穴位，重复8次，共64次。对侧也按相同方法操作。

## （三十三）缓解白发念珠操

白发主要是由于毛囊色素细胞的酪氨酸酶失去活性，乃至毛干内色素逐渐减少所致。日常生活应有规律，保持心情愉快，早睡早起，适量补充 B 族维生素等。中医学称头发为"肾之余"，认为白发主要是肾虚精亏所致。经常用念珠按摩一些特定穴位，可有效增强肾功能，缓解白发现象。

### 1. 入静调心

瞑目静坐，两唇轻合，舌抵上腭，摒除思虑，平缓深呼吸，静心凝神。双手握念珠放在大腿上，双手拇指和食指顺时针捻动念珠，如为佛教徒可在心中反复默念"南无观世音菩萨"5~10分钟；非佛教徒可随自己平缓深呼吸，默念呼吸次数5~10分钟。

## 2. 特效穴位及手法

**风池：** 用念珠选择"摩擦"手法按压穴位。

**百会：** 用念珠选择"点压"手法按压穴位。

**肝俞：** 用念珠选择"摩擦"手法按压穴位。

**肾俞：** 用念珠选择"摩擦"手法按压穴位。

**足三里：** 用念珠选择"点压"手法按压穴位。

**太溪：** 用念珠选择"点压"手法按压穴位。

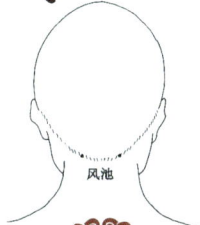

**风池**

在后头部，枕骨下两侧后发际处，斜方肌上端与胸锁乳突肌之间的凹陷处。

盘膝而坐，保持平静呼吸，左手持一念珠，使念珠对准左侧穴位，心中默念"1、2、3、4、5、6、7、8"摩擦穴位，重复8次，共64次。对侧也按相同方法操作。

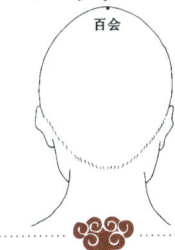

**百会**

在头顶正中线与两耳尖连线的交叉处。

盘膝而坐，保持平静呼吸，左手持一念珠，使念珠对准穴位，心中默念"1、2、3、4、5、6、7、8"按压穴位，重复8次，共64次。

## 肝俞

第9胸椎棘突下，正中线旁开1.5寸处。

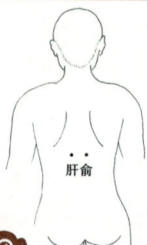

肝俞

盘膝而坐，保持平静呼吸，左手持一念珠，使念珠对准右侧穴位，心中默念"1、2、3、4、5、6、7、8"摩擦穴位，重复8次，共64次。对侧也按相同方法操作。

## 肾俞

第2腰椎棘突下，正中线旁开1.5寸处。

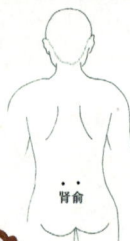

肾俞

盘膝而坐，保持平静呼吸，左手持一念珠，使念珠对准右侧穴位，心中默念"1、2、3、4、5、6、7、8"摩擦穴位，重复8次，共64次。对侧也按相同方法操作。

## 足三里

外膝眼正中直下3寸，胫骨外侧旁开1横指（中指）。

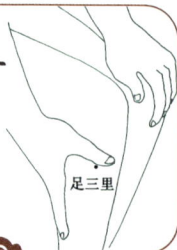

足三里

保持平静呼吸，右手持一念珠，使念珠对准右侧穴位，心中默念"1、2、3、4、5、6、7、8"按压穴位，重复8次，共64次。对侧也按相同方法操作。

## 太溪

足内踝后方，内踝高点与跟腱之间的凹陷处。

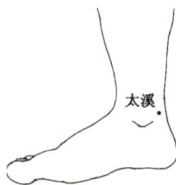

太溪

盘膝而坐，保持平静呼吸，右手持一念珠，使念珠对准右侧穴位，心中默念"1、2、3、4、5、6、7、8"按压穴位，重复8次，共64次。对侧也按相同方法操作。

## （三十四）防脱发、斑秃念珠操

斑秃常发生于身体有毛发的部位，表现为毛发突然发生局限性斑状脱落，局部皮肤正常，无自觉症状。本病常突然发生，精神因素常是诱发或促使病情加重的原因。中医学认为，"肾主骨，其容在发""发为血之余"，斑秃的病因主要与肾虚、血虚有关。血虚不能随气荣养肌肤，故毛发成片脱落。日常生活中应保持良好的精神状态，不用脱脂性强或碱性洗发剂，注意调整饮食，多食蔬菜、水果等，经常用念珠按摩一些特效穴位，可起到辅助治疗的作用。

### 1. 入静调心

瞑目静坐，两唇轻合，舌抵上腭，摒除思虑，平缓深呼吸，静心凝神。双手握念珠放在大腿上，双手拇指和食指顺时针捻动念珠，如为佛教徒可在心中反复默念"南无观世音菩萨"5~10分钟；非佛教徒可随自己平缓深呼吸，默念呼吸次数5~10分钟。

### 2. 特效穴位及手法

**百会：** 用念珠选择"点压"手法按压穴位。

**风池：** 用念珠选择"摩擦"手法按压穴位。

**膈俞：** 用念珠选择"摩擦"手法按压穴位。

**肝俞：** 用念珠选择"摩擦"手法按压穴位。

**肾俞：** 用念珠选择"摩擦"手法按压穴位。

**三阴交：** 用念珠选择"点压"手法按压穴位。

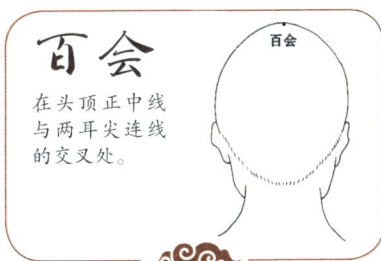

**百会**

在头顶正中线与两耳尖连线的交叉处。

盘膝而坐，保持平静呼吸，左手持一念珠，使念珠对准穴位，心中默念"1、2、3、4、5、6、7、8"按压穴位，重复8次，共64次。

# 风池

在后头部，枕骨下两侧后发际处，斜方肌上端与胸锁乳突肌之间的凹陷处。

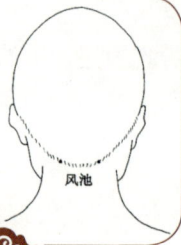

风池

盘膝而坐，保持平静呼吸，左手持一念珠，使念珠对准左侧穴位，心中默念"1、2、3、4、5、6、7、8"摩擦穴位，重复8次，共64次。对侧也按相同方法操作。

# 膈俞

第7胸椎棘突下，正中线旁开1.5寸处。

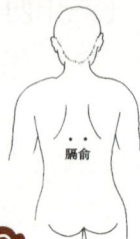

膈俞

盘膝而坐，保持平静呼吸，左手持一念珠，使念珠对准右侧穴位，心中默念"1、2、3、4、5、6、7、8"摩擦穴位，重复8次，共64次。对侧也按相同方法操作。

# 肝俞

第9胸椎棘突下，正中线旁开1.5寸处。

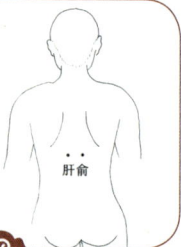

肝俞

盘膝而坐，保持平静呼吸，左手持一念珠，使念珠对准右侧穴位，心中默念"1、2、3、4、5、6、7、8"摩擦穴位，重复8次，共64次。对侧也按相同方法操作。

# 肾俞

第2腰椎棘突下，正中线旁开1.5寸处。

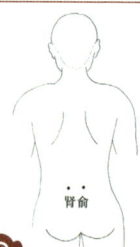

肾俞

盘膝而坐，保持平静呼吸，左手持一念珠，使念珠对准右侧穴位，心中默念"1、2、3、4、5、6、7、8"摩擦穴位，重复8次，共64次。对侧也按相同方法操作。

## 三阴交

足内踝尖上3寸，胫骨内侧缘后方。

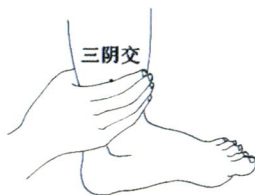

保持平静呼吸，左手持一念珠，使念珠对准右侧穴位，心中默念"1、2、3、4、5、6、7、8"按压穴位，重复8次，共64次。对侧也按相同方法操作。

### （三十五）改善中暑念珠操

中暑是指长时间暴露在高温环境中引起机体体温调节功能紊乱所致的一组临床症候群。先兆中暑者表现为大量出汗、口渴、头晕、耳鸣、胸闷、心悸、恶心、四肢无力等症状，体温正常或略有升高，一般不超过 37.5℃，应及时离开高热环境，辅助用念珠按摩一些特效穴位，经短时间休息后症状多可消失。如上述症状不改善，体温继续升高，出现胸闷、皮肤灼热、面色苍白、恶心呕吐、大量出汗、皮肤湿冷、脉搏细弱而快等症状者应尽快到医院就诊。

#### 1. 入静调心

瞑目静坐，两唇轻合，舌抵上腭，摒除思虑，平缓深呼吸，静心凝神。双手握念珠放在大腿上，双手拇指和食指顺时针捻动念珠，如为佛教徒可在心中反复默念"南无观世音菩萨"5~10分钟；非佛教徒可随自己平缓深呼吸，默念呼吸次数5~10分钟。

## 2. 特效穴位及手法

**百会：** 用念珠选择"点压"手法按压穴位。

**合谷：** 用念珠选择"点压"手法按压穴位。

**曲池：** 用念珠选择"点压"手法按压穴位。

**内关：** 用念珠选择"点压"手法按压穴位。

**大椎：** 用念珠选择"摩擦"手法按压穴位。

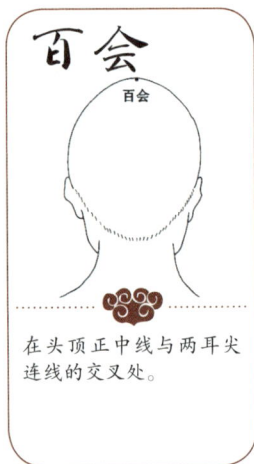

### 百会

在头顶正中线与两耳尖连线的交叉处。

盘膝而坐，保持平静呼吸，左手持一念珠，使念珠对准穴位，心中默念"1、2、3、4、5、6、7、8"按压穴位，重复8次，共64次。

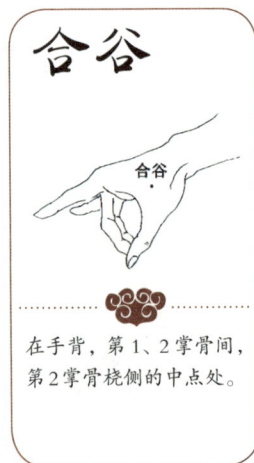

### 合谷

在手背，第1、2掌骨间，第2掌骨桡侧的中点处。

盘膝而坐，保持平静呼吸，右手持一念珠，使念珠对准左侧穴位，心中默念"1、2、3、4、5、6、7、8"按压穴位，重复8次，共64次。对侧也按相同方法操作。

## 曲池

肘部弯曲时肘横纹桡侧端。

盘膝而坐，保持平静呼吸，右手持一念珠，使念珠对准左侧穴位，心中默念"1、2、3、4、5、6、7、8"按压穴位，重复8次，共64次。对侧也按相同方法操作。

## 内关

前臂掌侧，腕掌横纹中点向上2寸，掌长肌肌腱与桡侧腕屈肌肌腱之间。

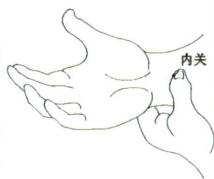

盘膝而坐，保持平静呼吸，右手持一念珠，使念珠对准左侧穴位，心中默念"1、2、3、4、5、6、7、8"按压穴位，重复8次，共64次。对侧也按相同方法操作。

## 大椎

第7颈椎棘突下凹陷中。

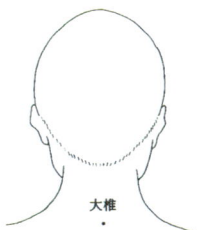

盘膝而坐，保持平静呼吸，右手持一念珠，使念珠对准穴位，心中默念"1、2、3、4、5、6、7、8"摩擦穴位，重复8次，共64次。

第三篇 —— 盘念珠，带给您不一样的养生感受 ——

## （三十六）调理失眠念珠操

失眠，以经常不易入睡、睡后多梦或睡后易醒为主要特征。中医学认为，不论什么原因导致的失眠，多与心、脾、肝、肾功能失调有关。用念珠经常按摩穴位，适时、恰当调整心、肾等各系统间的关系，使它们恢复到协调状态，可帮助提高睡眠质量。

### 1. 入静调心

瞑目静坐，两唇轻合，舌抵上腭，摒除思虑，平缓深呼吸，静心凝神。双手握念珠放在大腿上，双手拇指和食指顺时针捻动念珠，如为佛教徒可在心中反复默念"南无观世音菩萨"5~10分钟；非佛教徒可随自己平缓深呼吸，默念呼吸次数5~10分钟。

### 2. 特效穴位及手法

**百会：** 用念珠选择"点压"手法按压穴位。

**印堂：** 用念珠选择"点压"手法按压穴位。

**安眠：** 用念珠选择"点压"手法按压穴位。

**神门：** 用念珠选择"点压"手法按压穴位。

**内关：** 用念珠选择"点压"手法按压穴位。

**三阴交：** 用念珠选择"点压"手法按压穴位。

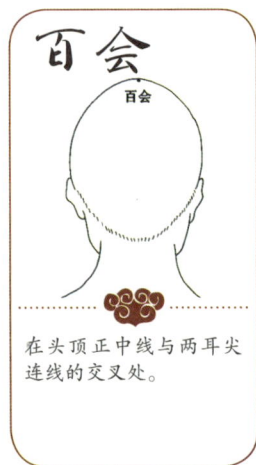

百会

百会

在头顶正中线与两耳尖连线的交叉处。

盘膝而坐，保持平静呼吸，左手持一念珠，使念珠对准穴位，心中默念"1、2、3、4、5、6、7、8"按压穴位，重复8次，共64次。

## 印堂

两眉头的中间。

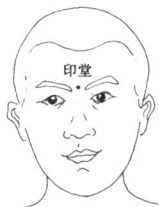

印堂

盘膝而坐，保持平静呼吸，左手持一念珠，使念珠对准穴位，心中默念"1、2、3、4、5、6、7、8"按压穴位，重复8次，共64次。

## 安眠

耳垂后的凹陷与枕骨下的凹陷连线的中点处。

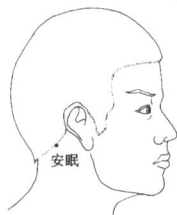

安眠

盘膝而坐，保持平静呼吸，左手持一念珠，使念珠对准左侧穴位，心中默念"1、2、3、4、5、6、7、8"按压穴位，重复8次，共64次。对侧也按相同方法操作。

## 神门

腕掌侧横纹尺侧端，尺侧腕屈肌肌腱的桡侧凹陷处。

神门

盘膝而坐，保持平静呼吸，右手持一念珠，使念珠对准左侧穴位，心中默念"1、2、3、4、5、6、7、8"按压穴位，重复8次，共64次。对侧也按相同方法操作。

## 内关

前臂掌侧，腕掌横纹中点向上2寸，掌长肌肌腱与桡侧腕屈肌肌腱之间。

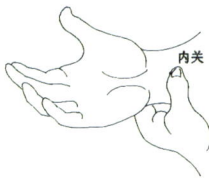

内关

盘膝而坐，保持平静呼吸，右手持一念珠，使念珠对准左侧穴位，心中默念"1、2、3、4、5、6、7、8"按压穴位，重复8次，共64次。对侧也按相同方法操作。

第三篇 ——盘念珠，带给您不一样的养生感受——

# 三阴交

三阴交

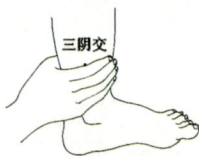

足内踝尖上3寸，胫骨内侧缘后方。

保持平静呼吸，左手持一念珠，使念珠对准右侧穴位，心中默念"1、2、3、4、5、6、7、8"按压穴位，重复8次，共64次。对侧也按相同方法操作。

## （三十七）缓解盗汗、多汗念珠操

盗汗是指入睡后汗出异常，醒后汗出即止的现象，多汗是指局部或全身皮肤出汗量异常增多的现象。中医学认为，多汗和盗汗都是由于人体阴阳调节失衡、脏腑功能失调所致。平时经常用念珠按摩一些特效穴位，可调理气血、增强体质，缓解盗汗、多汗症状。

### 1. 入静调心

瞑目静坐，两唇轻合，舌抵上腭，摒除思虑，平缓深呼吸，静心凝神。双手握念珠放在大腿上，双手拇指和食指顺时针捻动念珠，如为佛教徒可在心中反复默念"南无观世音菩萨"5~10分钟；非佛教徒可随自己平缓深呼吸，默念呼吸次数5~10分钟。

### 2. 特效穴位及手法

**大椎：** 用念珠选择"点压"手法按压穴位。

**膻中：** 用念珠选择"点压"手法按压穴位。

**脾俞：** 用念珠选择"点压"手法按压穴位。

**肾俞：** 用念珠选择"摩擦"手法按压穴位。

**足三里：** 用念珠选择"点压"手法按压穴位。

# 大椎

第 7 颈椎棘突下凹陷中。

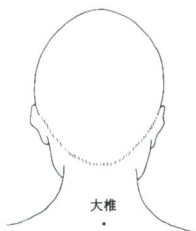

大椎

盘膝而坐，保持平静呼吸，右手持一念珠，使念珠对准穴位，心中默念"1、2、3、4、5、6、7、8"摩擦穴位，重复 8 次，共 64 次。

盘念珠，带给您不一样的养生感受

# 膻中

在前正中线上，两乳头连线的中点处。

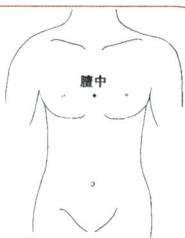

膻中

# 脾俞

第 11 胸椎棘突下，正中线旁开 1.5 寸。

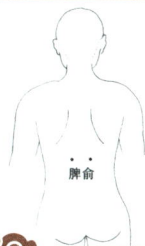

脾俞

盘膝而坐，保持平静呼吸，左手持一念珠，使念珠对准穴位，心中默念"1、2、3、4、5、6、7、8"按压穴位，重复 8 次，共 64 次。

盘膝而坐，保持平静呼吸，左手持一念珠，使念珠对准右侧穴位，心中默念"1、2、3、4、5、6、7、8"按压穴位，重复 8 次，共 64 次。对侧也按相同方法操作。

## 肾俞

第 2 腰椎棘突下，正中线旁开 1.5 寸处。

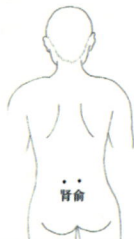

盘膝而坐，保持平静呼吸，左手持一念珠，使念珠对准右侧穴位，心中默念"1、2、3、4、5、6、7、8"按压穴位，重复 8 次，共 64 次。对侧也按相同方法操作。

## 足三里

外膝眼正中直下 3 寸，胫骨外侧旁开 1 横指（中指）。

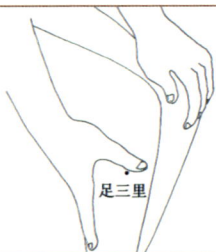

保持平静呼吸，右手持一念珠，使念珠对准右侧穴位，心中默念"1、2、3、4、5、6、7、8"按压穴位，重复 8 次，共 64 次。对侧也按相同方法操作。

## （三十八）减肥念珠操

肥胖是指体重超标。中医学认为，肥胖主要与肝、脾、肾三脏的功能有关，经常用念珠按摩相关穴位可调理脏腑功能，改善内分泌系统功能，对减肥有事半功倍的效果。

### 1. 入静调心

瞑目静坐，两唇轻合，舌抵上腭，摒除思虑，平缓深呼吸，静心凝神。双手握念珠放在大腿上，双手拇指和食指顺时针捻动念珠，如为佛教徒可在心中反复默念"南无观世音菩萨"5~10分钟；非佛教徒可随自己平缓深呼吸，默念呼吸次数5~10分钟。

### 2. 特效穴位及手法

**曲池：** 用念珠选择"点压"手法按压穴位。

**天枢：** 用念珠选择"点压"手法按压穴位。

**中脘：** 用念珠选择"点压"手法按压穴位。

**丰隆：** 用念珠选择"点压"手法按压穴位。

**三阴交：** 用念珠选择"点压"手法按压穴位。

盘念珠，带给您不一样的养生感受

## 曲池

曲池·

肘部弯曲时肘横纹桡侧端。

盘膝而坐，保持平静呼吸，右手持一念珠，使念珠对准左侧穴位，心中默念"1、2、3、4、5、6、7、8"按压穴位，重复8次，共64次。对侧也按相同方法操作。

## 天枢

脐中旁开2寸。

天枢

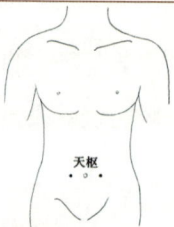

盘膝而坐，保持平静呼吸，左手持一念珠，使念珠对准左侧穴位，心中默念"1、2、3、4、5、6、7、8"按压穴位，重复8次，共64次。对侧也按相同方法操作。

## 中脘

前正中线上，脐上4寸处。

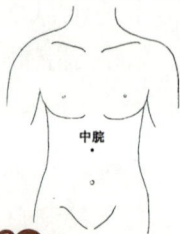

中脘

盘膝而坐，保持平静呼吸，左手持一念珠，使念珠对准穴位，心中默念"1、2、3、4、5、6、7、8"按压穴位，重复8次，共64次。

## 丰隆

小腿前外侧，膝眼和外踝的连线中点。

丰隆

保持平静呼吸，右手持一念珠，使念珠对准右侧穴位，心中默念"1、2、3、4、5、6、7、8"按压穴位，重复8次，共64次。对侧也按相同方法操作。

## 三阴交

足内踝尖上3寸，胫骨内侧缘后方。

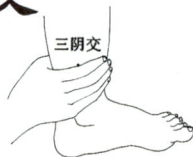

三阴交

保持平静呼吸，左手持一念珠，使念珠对准右侧穴位，心中默念"1、2、3、4、5、6、7、8"按压穴位，重复8次，共64次。对侧也按相同方法操作。

## （三十九）改善晕车念珠操

晕车是指在乘坐车、船时，受到摇晃刺激，不能很好地适应和调节机体平衡而引起的一系列症状，常在乘车、航海、飞行和其他运行数分钟至数小时后发生。晕车者除在旅行前 1~2 小时先服用抗组胺和抗胆碱类药物外，还可以用念珠按摩一些特定穴位，可减轻症状或避免发作。

### 1. 入静调心

瞑目静坐，两唇轻合，舌抵上腭，摒除思虑，平缓深呼吸，静心凝神。双手握念珠放在大腿上，双手拇指和食指顺时针捻动念珠，如为佛教徒可在心中反复默念"南无观世音菩萨"5~10 分钟；非佛教徒可随自己平缓深呼吸，默念呼吸次数 5~10 分钟。

### 2. 特效穴位及手法

**百会：** 用念珠选择"点压"手法按压穴位。

**风池：** 用念珠选择"摩擦"手法按压穴位。

**内关：** 用念珠选择"点压"手法按压穴位。

**合谷：** 用念珠选择"点压"手法按压穴位。

**足三里：** 用念珠选择"点压"手法按压穴位。

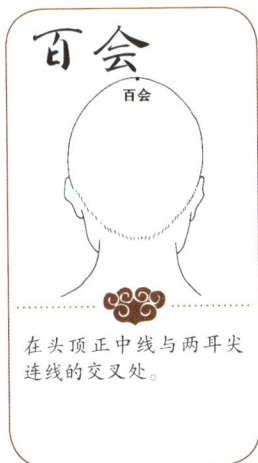

一盘念珠，带给您不一样的养生感受

### 百会

百会

在头顶正中线与两耳尖连线的交叉处。

盘膝而坐，保持平静呼吸，左手持一念珠，使念珠对准穴位，心中默念"1、2、3、4、5、6、7、8"按压穴位，重复 8 次，共 64 次。

## 风池

在后头部，枕骨下两侧后发际处，斜方肌上端与胸锁乳突肌之间的凹陷处。

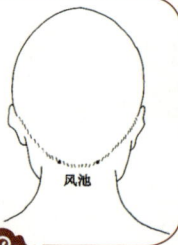

风池

盘膝而坐，保持平静呼吸，左手持一念珠，使念珠对准左侧穴位，心中默念"1、2、3、4、5、6、7、8"摩擦穴位，重复8次，共64次。对侧也按相同方法操作。

## 内关

前臂掌侧，腕掌横纹中点向上2寸，掌长肌肌腱与桡侧腕屈肌肌腱之间。

内关

盘膝而坐，保持平静呼吸，右手持一念珠，使念珠对准左侧穴位，心中默念"1、2、3、4、5、6、7、8"按压穴位，重复8次，共64次。对侧也按相同方法操作。

## 合谷

在手背，第1、2掌骨间，第2掌骨桡侧的中点处。

合谷

盘膝而坐，保持平静呼吸，右手持一念珠，使念珠对准左侧穴位，心中默念"1、2、3、4、5、6、7、8"按压穴位，重复8次，共64次。对侧也按相同方法操作。

## 足三里

外膝眼正中直下3寸，胫骨外侧旁开1横指（中指）。

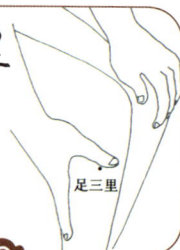

足三里

保持平静呼吸，右手持一念珠，使念珠对准右侧穴位，心中默念"1、2、3、4、5、6、7、8"按压穴位，重复8次，共64次。对侧也按相同方法操作。

## （四十）缓解小腿抽筋念珠操

小腿抽筋是一种肌肉强制性收缩的病变，经常发生在小腿和脚趾部位，发作时常常令人疼痛难忍，经常在夜间睡觉、疲劳过度、寒冷刺激或缺钙时发作。一旦发生小腿抽筋，最直接的缓解方法是按摩发生痉挛的部位，配合用念珠按摩一些特效穴位，可以显著缓解症状。

### 1. 入静调心

瞑目静坐，两唇轻合，舌抵上腭，摒除思虑，平缓深呼吸，静心凝神。双手握念珠放在大腿上，双手拇指和食指顺时针捻动念珠，如为佛教徒可在心中反复默念"南无观世音菩萨"5~10分钟；非佛教徒可随自己平缓深呼吸，默念呼吸次数5~10分钟。

### 2. 特效穴位及手法

**合谷：** 用念珠选择"点压"手法按压穴位。

**承山：** 用念珠选择"点压"手法按压穴位。

**委中：** 用念珠选择"点压"手法按压穴位。

**阳陵泉：** 用念珠选择"点压"手法按压穴位。

盘念珠，带给您不一样的养生感受

合谷

合谷

在手背，第1、2掌骨间，第2掌骨桡侧的中点处。

盘膝而坐，保持平静呼吸，右手持一念珠，使念珠对准左侧穴位，心中默念"1、2、3、4、5、6、7、8"按压穴位，重复8次，共64次。对侧也按相同方法操作。

## 承山

在小腿后面正中，伸直小腿或足跟上提时，腓肠肌肌腹下出现的"人"字纹顶端凹陷处。

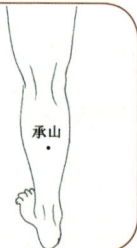

保持平静呼吸，右手持一念珠，使念珠对准左侧穴位，心中默念"1、2、3、4、5、6、7、8"按压穴位，重复8次，共64次。对侧也按相同方法操作。

## 委中

在腘横纹中点中。

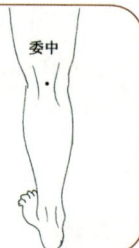

保持平静呼吸，右手持一念珠，使念珠对准右侧穴位，心中默念"1、2、3、4、5、6、7、8"按压穴位，重复8次，共64次。对侧也按相同方法操作。

## 阳陵泉

在小腿外侧，腓骨头前下方凹陷处。

保持平静呼吸，右手持一念珠，使念珠对准右侧穴位，心中默念"1、2、3、4、5、6、7、8"按压穴位，重复8次，共64次。对侧也按相同方法操作。

## （四十一）改善心情抑郁念珠操

高速运转的社会环境，使得很多现代人长期处于"压力山大"的状态，压力大常常会导致脾气暴躁或心情变得抑郁。有些人，尤其是女性朋友还会出现胸胁隐痛、胸闷压抑等症状。生活中经常用念珠按摩一些特效穴位，有调理气血、舒缓情志的作用，可以轻松赶走坏情绪。

### 1. 入静调心

瞑目静坐，两唇轻合，舌抵上腭，摒除思虑，平缓深呼吸，静心凝神。双手握念珠放在大腿上，双手拇指和食指顺时针捻动念珠，如为佛教徒可在心中反复默念"南无观世音菩萨"5~10分钟；非佛教徒可随自己平缓深呼吸，默念呼吸次数5~10分钟。

### 2. 特效穴位及手法

**百会：** 用念珠选择"点压"手法按压穴位。

**合谷：** 用念珠选择"点压"手法按压穴位。

**内关：** 用念珠选择"点压"手法按压穴位。

**膻中：** 用念珠选择"点压"手法按压穴位。

**肝俞：** 用念珠选择"摩擦"手法按压穴位。

**三阴交：** 用念珠选择"点压"手法按压穴位。

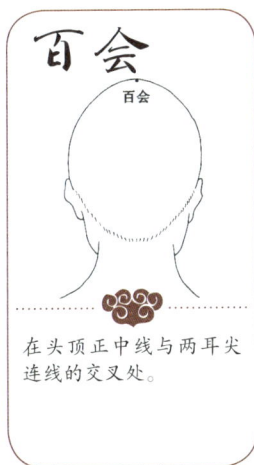

盘念珠，带给您不一样的养生感受

百会

百会

在头顶正中线与两耳尖连线的交叉处。

盘膝而坐，保持平静呼吸，左手持一念珠，使念珠对准穴位，心中默念"1、2、3、4、5、6、7、8"按压穴位，重复8次，共64次。

## 合谷

在手背，第1、2掌骨间，第2掌骨桡侧的中点处。

合谷

盘膝而坐，保持平静呼吸，右手持一念珠，使念珠对准左侧穴位，心中默念"1、2、3、4、5、6、7、8"按压穴位，重复8次，共64次。对侧也按相同方法操作。

## 内关

前臂掌侧，腕掌横纹中点向上2寸，掌长肌肌腱与桡侧腕屈肌肌腱之间。

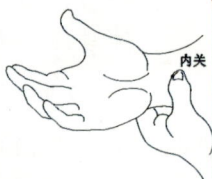

内关

盘膝而坐，保持平静呼吸，右手持一念珠，使念珠对准左侧穴位，心中默念"1、2、3、4、5、6、7、8"按压穴位，重复8次，共64次。对侧也按相同方法操作。

## 膻中

在前正中线上，两乳头连线的中点处。

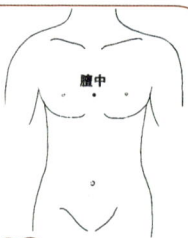

膻中

盘膝而坐，保持平静呼吸，左手持一念珠，使念珠对准穴位，心中默念"1、2、3、4、5、6、7、8"按压穴位，重复8次，共64次。

## 肝俞

第9胸椎棘突下，正中线旁开1.5寸处。

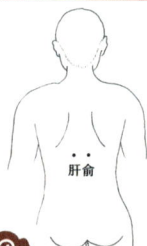

肝俞

盘膝而坐，保持平静呼吸，左手持一念珠，使念珠对准右侧穴位，心中默念"1、2、3、4、5、6、7、8"摩擦穴位，重复8次，共64次。对侧也按相同方法操作。

# 三阴交

足内踝尖上3寸，胫骨内侧
缘后方。

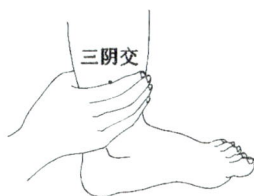

三阴交

保持平静呼吸，左手持一念珠，使念珠对准右侧穴位，心中默念"1、2、3、4、5、6、7、8"按压穴位，重复8次，共64次。对侧也按相同方法操作。

盘念珠，带给您不一样的养生感受

## （四十二）改善手足不温念珠操

手足不温是很多年轻女性在冬天常见的症状，大多与体内阳气或气血运行不畅有关。除了适当加强运动、增强体质外，还可以经常使用念珠按摩一些特定穴位，有助于调动机体的阳气生发、促进气血运行，可有效缓解手足不温。

### 1. 入静调心

瞑目静坐，两唇轻合，舌抵上腭，摒除思虑，平缓深呼吸，静心凝神。双手握念珠放在大腿上，双手拇指和食指顺时针捻动念珠，如为佛教徒可在心中反复默念"南无观世音菩萨"5~10分钟；非佛教徒可随自己平缓深呼吸，默念呼吸次数5~10分钟。

## 2.特效穴位及手法

**阳池:** 用念珠选择"点压"手法按压穴位。

**外关:** 用念珠选择"点压"手法按压穴位。

**大椎:** 用念珠选择"摩擦"手法按压穴位。

**脾俞:** 用念珠选择"摩擦"手法按压穴位。

**肾俞:** 用念珠选择"摩擦"手法按压穴位。

**三阴交:** 用念珠选择"点压"手法按压穴位。

### 阳池

·阳池

在腕背横纹中,指伸肌肌腱的尺侧缘凹陷处。

盘膝而坐,保持平静呼吸,右手持一念珠,使念珠对准左侧穴位,心中默念"1、2、3、4、5、6、7、8"按压穴位,重复8次,共64次。对侧也按相同方法操作。

### 外关

外关

在前臂外侧,腕背横纹向上2寸,桡骨与尺骨之间。

盘膝而坐,保持平静呼吸,右手持一念珠,使念珠对准左侧穴位,心中默念"1、2、3、4、5、6、7、8"按压穴位,重复8次,共64次。对侧也按相同方法操作。

# 大椎

第 7 颈椎棘突下凹陷中。

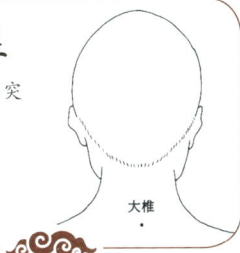

盘膝而坐，保持平静呼吸，右手持一念珠，使念珠对准穴位，心中默念"1、2、3、4、5、6、7、8"摩擦穴位，重复 8 次，共 64 次。

# 脾俞

第 11 胸椎棘突下，正中线旁开 1.5 寸。

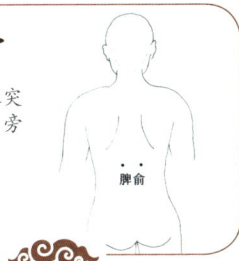

盘膝而坐，保持平静呼吸，左手持一念珠，使念珠对准右侧穴位，心中默念"1、2、3、4、5、6、7、8"摩擦穴位，重复 8 次，共 64 次。对侧也按相同方法操作。

# 肾俞

第 2 腰椎棘突下，正中线旁开 1.5 寸处。

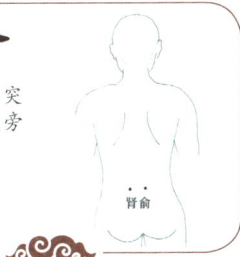

盘膝而坐，保持平静呼吸，左手持一念珠，使念珠对准右侧穴位，心中默念"1、2、3、4、5、6、7、8"摩擦穴位，重复 8 次，共 64 次。对侧也按相同方法操作。

# 三阴交

足内踝尖上 3 寸，胫骨内侧缘后方。

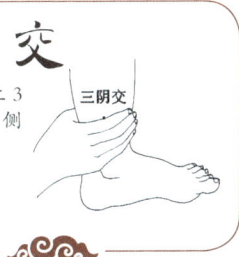

保持平静呼吸，左手持一念珠，使念珠对准右侧穴位，心中默念"1、2、3、4、5、6、7、8"按压穴位，重复 8 次，共 64 次。对侧也按相同方法操作。

第三篇

盘念珠，带给您不一样的养生感受

## （四十三）缓解宿醉念珠操

宿醉是指因饮酒过量，隔夜休息后，体内的酒精，即乙醇已经基本排净，但仍有头痛、眩晕、疲劳、恶心、胃部不适、困倦、发汗、过度口渴和认知模糊等症状。这时用念珠按摩一些特效穴位，可有效缓解宿醉的症状。

### 1. 入静调心

瞑目静坐，两唇轻合，舌抵上腭，摒除思虑，平缓深呼吸，静心凝神。双手握念珠放在大腿上，双手拇指和食指顺时针捻动念珠，如为佛教徒可在心中反复默念"南无观世音菩萨"5~10分钟；非佛教徒可随自己平缓深呼吸，默念呼吸次数5~10分钟。

### 2. 特效穴位及手法

**百会：** 用念珠选择"点压"手法按压穴位。

**合谷：** 用念珠选择"点压"手法按压穴位。

**内关：** 用念珠选择"点压"手法按压穴位。

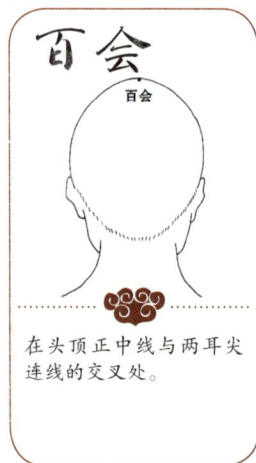

百会

百会

在头顶正中线与两耳尖连线的交叉处。

盘膝而坐，保持平静呼吸，左手持一念珠，使念珠对准穴位，心中默念"1、2、3、4、5、6、7、8"按压穴位，重复8次，共64次。

## 合谷

在手背，第1、2掌骨间，第2掌骨桡侧的中点处。

## 内关

前臂掌侧，腕掌横纹中点向上2寸，掌长肌肌腱与桡侧腕屈肌肌腱之间。

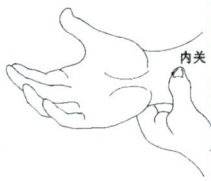

盘膝而坐，保持平静呼吸，右手持一念珠，使念珠对准左侧穴位，心中默念"1、2、3、4、5、6、7、8"按压穴位，重复8次，共64次。对侧也按相同方法操作。

盘膝而坐，保持平静呼吸，右手持一念珠，使念珠对准左侧穴位，心中默念"1、2、3、4、5、6、7、8"按压穴位，重复8次，共64次。对侧也按相同方法操作。

### （四十四）缓解落枕念珠操

落枕多因夜间睡觉时姿势不当或颈部受风寒所致。多是在睡前无任何症状，睡醒后出现急性颈部肌肉痉挛、强直、酸胀、疼痛及转头不便等。落枕影响工作和日常生活，给人们带来痛苦。用念珠按摩一些特效穴位，可有效缓解落枕症状。

#### 1. 入静调心

瞑目静坐，两唇轻合，舌抵上腭，摒除思虑，平缓深呼吸，静心凝神。双手握念珠放在大腿上，双手拇指和食指顺时针捻动念珠，如为佛教徒可在心中反复默念"南无观世音菩萨"5~10分钟；非佛教徒可随自己平缓深呼吸，默念呼吸次数5~10分钟。

## 2. 特效穴位及手法

**风池：** 用念珠选择"点压"手法按压穴位。

**外劳宫：** 用念珠选择"点压"手法按压穴位。

**后溪：** 用念珠选择"点压"手法按压穴位。

**合谷：** 用念珠选择"点压"手法按压穴位。

**肩井：** 用念珠选择"点压"手法按压穴位。

### 风池

风池

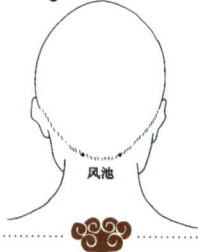

在后头部，枕骨下两侧后发际处，斜方肌上端与胸锁乳突肌之间的凹陷处。

盘膝而坐，保持平静呼吸，左手持一念珠，使念珠对准左侧穴位，心中默念"1、2、3、4、5、6、7、8"按压穴位，重复8次，共64次。对侧也按相同方法操作。

### 外劳宫

外劳宫

在手背侧，第2、3掌骨之间，掌指关节后0.5寸。

盘膝而坐，保持平静呼吸，右手持一念珠，使念珠对准左侧穴位，心中默念"1、2、3、4、5、6、7、8"按压穴位，重复8次，共64次。对侧也按相同方法操作。

# 后溪

在手掌尺侧，第5掌指关节后尺侧，手掌横纹头。

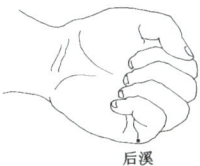

后溪

盘膝而坐，保持平静呼吸，右手持一念珠，使念珠对准左侧穴位，心中默念"1、2、3、4、5、6、7、8"按压穴位，重复8次，共64次。对侧也按相同方法操作。

# 合谷

在手背，第1、2掌骨间，第2掌骨桡侧的中点处。

合谷

盘膝而坐，保持平静呼吸，右手持一念珠，使念珠对准左侧穴位，心中默念"1、2、3、4、5、6、7、8"按压穴位，重复8次，共64次。对侧也按相同方法操作。

# 肩井

在大椎与肩峰端连线的中点上，前直对乳中。

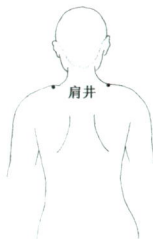

肩井

盘膝而坐，保持平静呼吸，左手持一念珠，使念珠对准右侧穴位，心中默念"1、2、3、4、5、6、7、8"按压穴位，重复8次，共64次。对侧也按相同方法操作。

第三篇 盘念珠，带给您不一样的养生感受

## （四十五）缓解腰痛念珠操

现代人每天长时间坐在电脑前工作，缺乏运动，很多人出现了腰部酸痛、不能久站或久坐的情况，一旦出现这种情况，就要提防腰肌劳损了。经常用念珠对特定穴位进行按摩，有舒筋通络、促进腰部气血循环、消除腰肌疲劳的作用，可以有效改善腰肌劳损的症状。

### 1. 入静调心

瞑目静坐，两唇轻合，舌抵上腭，摒除思虑，平缓深呼吸，静心凝神。双手握念珠放在大腿上，双手拇指和食指顺时针捻动念珠，如为佛教徒可在心中反复默念"南无观世音菩萨"5~10分钟；非佛教徒可随自己平缓深呼吸，默念呼吸次数5~10分钟。

### 2. 特效穴位及手法

**腰眼：** 用念珠选择"点压"手法按压穴位。

**委中：** 用念珠选择"点压"手法按压穴位。

**腰眼**
在腰部，第4腰椎棘突左右3~4寸的凹陷处。

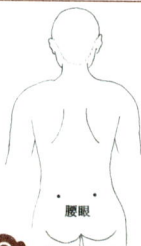

腰眼

**委中**
委中
在腘横纹中点处。

盘膝而坐，保持平静呼吸，左手持一念珠，使念珠对准右侧穴位，心中默念"1、2、3、4、5、6、7、8"按压穴位，重复8次，共64次。对侧也按相同方法操作。

保持平静呼吸，右手持一念珠，使念珠对准右侧穴位，心中默念"1、2、3、4、5、6、7、8"按压穴位，重复8次，共64次。对侧也按相同方法操作。

### （四十六）缓解颈椎病念珠操

颈椎病多发生于长期低头伏案工作的人群，主要表现为颈肩痛，可放射至头枕部和上肢，还会有一侧面部发热、出汗异常等。本病属中医学"痹症"范畴。日常生活中应做到坐姿正确，定时活动头颈肩部，睡觉枕头高低应适度，注意保暖，经常用念珠按摩一些特效穴位，可有效防治颈椎病。

#### 1. 入静调心

瞑目静坐，两唇轻合，舌抵上腭，摒除思虑，平缓深呼吸，静心凝神。双手握念珠放在大腿上，双手拇指和食指顺时针捻动念珠，如为佛教徒可在心中反复默念"南无观世音菩萨"5~10分钟；非佛教徒可随自己平缓深呼吸，默念呼吸次数5~10分钟。

#### 2. 特效穴位及手法

**颈夹脊：**用念珠选择"点压"手法按压穴位。

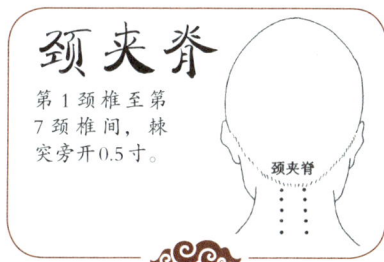

**外关：**用念珠选择"点压"手法按压穴位。

**列缺：**用念珠选择"点压"手法按压穴位。

**合谷：**用念珠选择"点压"手法按压穴位。

**后溪：**用念珠选择"点压"手法按压穴位。

**申脉：**用念珠选择"点压"手法按压穴位。

### 颈夹脊

第1颈椎至第7颈椎间，棘突旁开0.5寸。

颈夹脊

盘膝而坐，保持平静呼吸，左手持一念珠，使念珠对准左侧穴位，心中默念"1、2、3、4、5、6、7、8"按压穴位，重复8次，共64次。对侧也按相同方法操作。

盘念珠，带给您不一样的养生感受

## 外关

在前臂外侧，腕背横纹向上2寸，桡骨与尺骨之间。

外关

盘膝而坐，保持平静呼吸，右手持一念珠，使念珠对准左侧穴位，心中默念"1、2、3、4、5、6、7、8"按压穴位，重复8次，共64次。对侧也按相同方法操作。

## 列缺

在前臂桡侧缘，桡骨茎突上方，腕横纹上1.5寸。

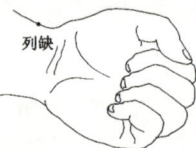

列缺

盘膝而坐，保持平静呼吸，右手持一念珠，使念珠对准左侧穴位，心中默念"1、2、3、4、5、6、7、8"按压穴位，重复8次，共64次。对侧也按相同方法操作。

## 合谷

在手背，在手背，第1、2掌骨间，第2掌骨桡侧的中点处。

合谷

盘膝而坐，保持平静呼吸，右手持一念珠，使念珠对准左侧穴位，心中默念"1、2、3、4、5、6、7、8"按压穴位，重复8次，共64次。对侧也按相同方法操作。

## 后溪

在手掌尺侧，第5掌指关节后尺侧，手掌横纹头。

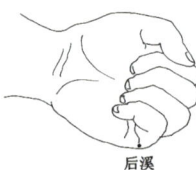

后溪

盘膝而坐，保持平静呼吸，右手持一念珠，使念珠对准左侧穴位，心中默念"1、2、3、4、5、6、7、8"按压穴位，重复8次，共64次。对侧也按相同方法操作。

# 申 脉

申脉

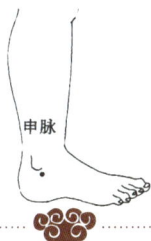

在足外侧，外踝直下方凹陷中。

保持平静呼吸，右手持一念珠，使念珠对准右侧穴位，心中默念"1、2、3、4、5、6、7、8"按压穴位，重复8次，共64次。对侧也按相同方法操作。

## （四十七）缓解鼠标手念珠操

现代越来越多人每天长时间接触、使用电脑，每天重复着在键盘上打字和移动鼠标，手腕关节因长期密集、反复和过度的活动，导致腕部肌肉或关节麻痹、肿胀、疼痛、痉挛，成为一种日渐普遍的现代文明症。每日使用念珠按摩特定穴位，可有效预防鼠标手的发生。

### 1. 入静调心

瞑目静坐，两唇轻合，舌抵上腭，摒除思虑，平缓深呼吸，静心凝神。双手握念珠放在大腿上，双手拇指和食指顺时针捻动念珠，如为佛教徒可在心中反复默念"南无观世音菩萨"5~10分钟；非佛教徒可随自己平缓深呼吸，默念呼吸次数5~10分钟。

### 2. 特效穴位及手法

**内关：** 用念珠选择"点压"手法按压穴位。

**外关：** 用念珠选择"点压"手法按压穴位。

**合谷：** 用念珠选择"点压"手法按压穴位。

一盘念珠，带给您不一样的养生感受一

## 内关

前臂掌侧，腕掌横纹中点向上2寸，掌长肌肌腱与桡侧腕屈肌肌腱之间。

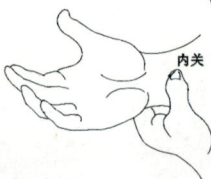

内关

盘膝而坐，保持平静呼吸，右手持一念珠，使念珠对准左侧穴位，心中默念"1、2、3、4、5、6、7、8"按压穴位，重复8次，共64次。对侧也按相同方法操作。

## 外关

在前臂外侧，腕背横纹向上2寸，桡骨与尺骨之间。

外关

盘膝而坐，保持平静呼吸，右手持一念珠，使念珠对准左侧穴位，心中默念"1、2、3、4、5、6、7、8"按压穴位，重复8次，共64次。对侧也按相同方法操作。

## 合谷

在手背，第1、2掌骨间，第2掌骨桡侧的中点处。

合谷

盘膝而坐，保持平静呼吸，右手持一念珠，使念珠对准左侧穴位，心中默念"1、2、3、4、5、6、7、8"按压穴位，重复8次，共64次。对侧也按相同方法操作。

# 盘念珠四季养生操及配制 24 节气茶

## （一）盘念珠春季养生操及配制春季节气茶

春天是草木萌发、万物复苏、生机盎然的季节。春季养生要顺应春天阳气生发、万物始生的特点，按自然界属性，春季属木，肝脏在五行中对应"木"。中医学认为，春季是肝气最活跃的季节，也是养肝、护肝的最好时期。自古以来，有"春宜养肝"的说法。如果春天没有养好肝气，身体气血就会运行紊乱，其他脏腑器官也会受影响而致病。养肝应注重肝气的调理顺畅，因而，春季也应保持舒畅的心情，顺应肝的调达之性。

现代人生活节奏快，经常加班熬夜，血气消耗增大，而肝是体内的藏血器官，这样会对肝脏造成一定的损伤，引发肝郁不疏、烦躁、易怒、焦虑等症状。饮茶常使人的心境变得与茶一样平静。佛教文化认为禅茶养生，但饮茶也应当顺四时，配制注意季节，更好地发挥调解心情和保健功效。还可通过按摩的方法起到行气活血、通畅经络、激发肝脏功能的作用，治疗因肝虚火旺引起的食欲不振、消化不良、两眼干涩、头晕目眩等症状。让我们饮茶养心，经常做一做疏肝理气养生操。

### 1. 入静调心

瞑目静坐，两唇轻合，舌抵上腭，摒除思虑，平缓深呼吸，静心凝神。双手握念珠放在大腿上，双手拇指和食指顺时针捻动念珠，如为佛教徒可在心中反复默念"南无观世音菩萨"5~10分钟；非佛教徒可随自己平缓深呼吸，默念呼吸次数5~10分钟。

## 2.疏肝理气穴位

**风池：** 用念珠选择"摩擦"手法按压穴位。

**膻中：** 用念珠选择"点压"手法按压穴位。

**命门：** 用念珠选择"摩擦"手法按压穴位。

**神阙：** 用念珠选择"点压"手法按压穴位。

**三阴交：** 用念珠选择"点压"手法按压穴位。

**足三里：** 用念珠选择"点压"手法按压穴位。

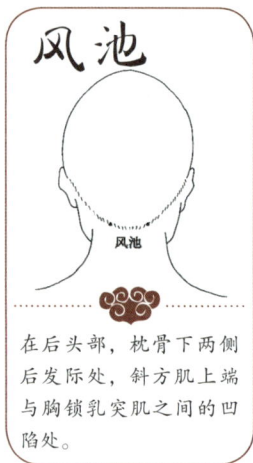

### 风池

风池

在后头部，枕骨下两侧后发际处，斜方肌上端与胸锁乳突肌之间的凹陷处。

盘膝而坐，保持平静呼吸，左手持一念珠，使念珠对准左侧穴位，心中默念"1、2、3、4、5、6、7、8"摩擦穴位，重复8次，共64次。对侧也按相同方法操作。

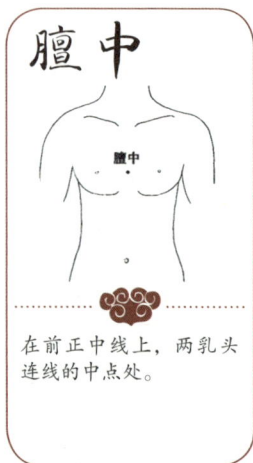

### 膻中

膻中

在前正中线上，两乳头连线的中点处。

盘膝而坐，保持平静呼吸，左手持一念珠，使念珠对准穴位，心中默念"1、2、3、4、5、6、7、8"按压穴位，重复8次，共64次。

# 命门

第 2、3 腰椎棘突间。

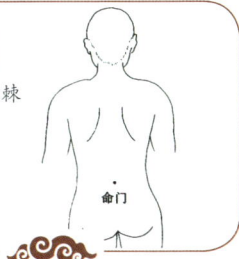

命门

盘膝而坐，保持平静呼吸，左手持一念珠，使念珠对准侧穴位，心中默念"1、2、3、4、5、6、7、8"摩擦穴位，重复 8 次，共 64 次。

# 神阙

在脐中部，脐中央。

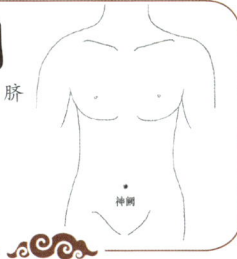

神阙

保持平静呼吸，左手持一念珠，使念珠对准穴位，心中默念"1、2、3、4、5、6、7、8"按压穴位，重复 8 次，共 64 次。

# 三阴交

足内踝尖上 3 寸，胫骨内侧缘后方。

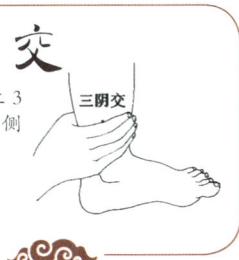

三阴交

保持平静呼吸，左手持一念珠，使念珠对准右侧穴位，心中默念"1、2、3、4、5、6、7、8"按压穴位，重复 8 次，共 64 次。对侧也按相同方法操作。

# 足三里

外膝眼正中直下 3 寸，胫骨外侧旁开 1 横指（中指）。

足三里

保持平静呼吸，右手持一念珠，使念珠对准右侧穴位，心中默念"1、2、3、4、5、6、7、8"按压穴位，重复 8 次，共 64 次。对侧也按相同方法操作。

第三篇

盘念珠，带给您不一样的养生感受

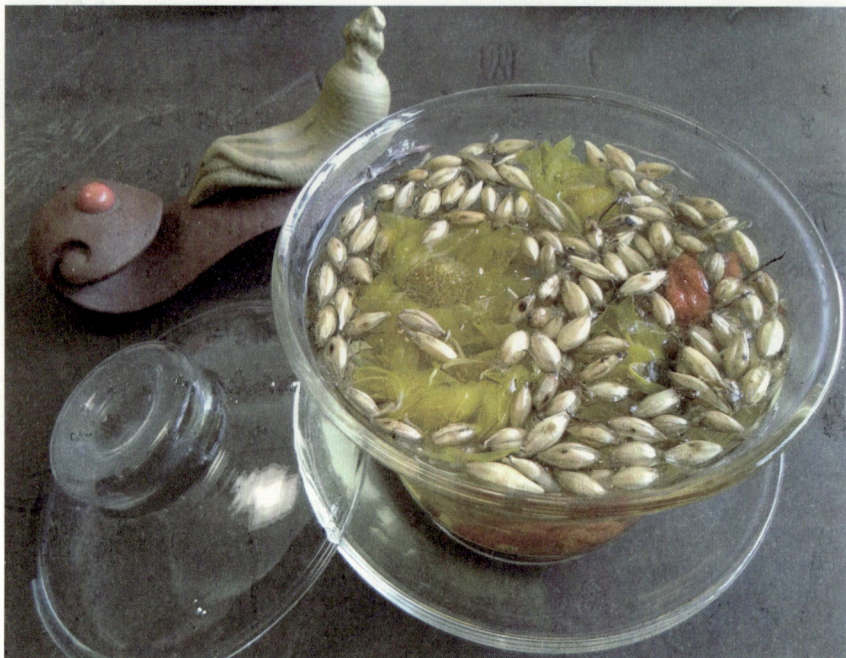

菊花麦芽茶

### 3. 春季节气茶

做盘念珠四季养生操前后，可根据春季选茉莉花茶，还可根据节气配制春季节气茶饮用。

#### 立春

在每年的 2 月 3 日或 2 月 4 日，春回大地，气候渐暖，北方春寒料峭，南方已经生机傲然。"春江水暖鸭先知"，此时，万物开始生发，阳气升腾，可顺势疏肝理气，喝菊花麦芽茶。

【制作方法】菊花 4 朵，炒麦芽 15 克，枸杞子 6 粒。将菊花、麦芽、枸杞子放入茶杯中，用沸水冲泡 10 分钟。菊花清肝，麦芽开胃，枸杞子滋阴，三者合用对调和肝胃有较好的作用。

#### 雨水

在每年的 2 月 18 日或 2 月 19 日，这个节气雨量增多，气温回升，空气湿润，适合调理脾胃，可选用陈皮玫瑰茶。

【制作方法】陈皮3克，玫瑰花6克，蜂蜜适量，放入杯中，开水冲泡5分钟。玫瑰花疏肝理气，陈皮醒脾开胃，两者合用调肝和胃。有口渴、舌红少苔、脉细弦、阴虚火旺证候者不宜长期服用。

陈皮玫瑰茶

### 惊蛰

在每年的3月5日或3月6日。惊蛰意味着春雷惊醒了蛰伏的虫子，惊蛰后，气温升高，日照时间渐长，土壤解冻，冬眠的动物苏醒，人体内的微生物也开始活跃。这时需要选择一些调补气血的花草茶，可选用牡丹红枣茶。

【制作方法】牡丹花3朵，红枣6个，放入茶壶中，开水冲泡5分钟，加适量冰糖。牡丹花活血美容、养血和胃，红枣补气血、健脾胃，两者合用可以补益气血、养血美容安神，非常适合面黄乏力的女性朋友饮用。

### 春分

在每年的3月20或3月21日，昼夜平分。春分后，燕子从南方飞回来，天空出现打雷闪电。春分过后，气候温煦，植物蓬勃生长，要注意调整身体的阴阳平衡，平抑肝阳，滋阴补肾，可选用决明核桃茶。

【制作方法】决明子10克，核桃仁15克，枸杞子10克，三者放入茶壶中，倒入开水，泡15分钟即可。决明子味甘苦，性微寒，归大肠、肝经，有通便明目、降压降脂作用。核桃仁味甘，性温，归肾、肺、大肠经，有强腰补肾健脑作用，可用于虚劳、气喘、手脚软弱等症状。枸杞子滋补肝肾，三者合用一清两补，能很好地调节人体阴阳平衡。适合便秘、乏力者饮用，也可以加入菊花清热，是一道很好的养肝护肝茶。

## 清明

在每年的 4 月 5 日或 4 月 6 日，此时，天气晴朗，草木生长，花朵盛开，田鼠躲到阴凉之处下面，彩虹开始出现在雨后。尽管南方湿润，北方却仍干燥多风。清明气候清爽，人体气血也舒畅，继续以养肝滋阴为主，可选用柠檬银耳茶。

柠檬银耳茶

【制作方法】柠檬 10 克，银耳 15 克，冰糖适量，将柠檬和银耳放入茶壶中，开水冲泡 5 分钟，加入冰糖，即可饮用。柠檬味甘酸，性平，归肝、胃经，有生津止渴、柔肝健胃的作用。银耳性平，味甘淡，归肺、胃、肾经，能提高肝脏的解毒能力，滋阴润肺，适合阴虚咳嗽。胃酸过多、外感风寒者不宜饮用。

## 谷雨

在每年的 4 月 20 日或 4 月 21 日。谷雨时节雨量充沛，谷物庄稼开始成长，雨水生百谷。布谷鸟叫了，提醒人们施肥播种。此时，南方潮湿温暖，北方还有点干燥寒冷。谷雨节气要继续保护肝脏，也要调养脾脏，可选用茉莉薏仁茶。

【制作方法】茉莉花 10 克，薏苡仁 15 克，清水洗净，放入茶杯中用热水冲泡 5 分钟，即可饮用。茉莉花理气止痛、温中和胃、清肝明目，薏苡仁除湿健脾，两者合用，味道清香，共奏疏肝健脾之功效，加上蜂蜜味道香甜可口。

## （二）盘念珠夏季养生操及配制夏季节气茶

夏季阳热已盛，万物繁茂。在五行中与火对应，在五脏方面与心对应。中医学认为，夏应心而养长，长夏应脾而变化。进入7月后，因天气高温多雨，感受莫过于"湿"和"热"二字了，夏日炎炎，人体血液流动加快，是心脏负荷最大的季节。夏季内应于心，心主血脉，其液为汗。如果暑热过盛，汗出过多，容易损伤心气，易引起胸闷、心悸等症状。要注意休息，防暑。佛教文化认为禅茶养生，饮茶常使人的心境变得与茶一样平静，但饮茶也应当顺四时、适寒暑，配制注意季节，发挥调解心情和保健的功效。

中医学认为，7月、8月长夏时节，湿气容易损伤脾胃，导致本就在夏季虚弱的脾胃更虚弱，出现食欲不佳、大便溏泄、乏力等症状。一定要注意饮食规律和均衡，按摩穴位除湿气安全、简便，效果显著。可试试按摩以下疗心健脾的穴位。

### 1. 入静调心

瞑目静坐，两唇轻合，舌抵上腭，摒除思虑，平缓深呼吸，静心凝神。双手握念珠放在大腿上，双手拇指和食指顺时针捻动念珠，如为佛教徒可在心中反复默念"南无观世音菩萨"5~10分钟；非佛教徒可随自己平缓深呼吸，默念呼吸次数5~10分钟。

### 2. 疗心按摩穴位

**劳宫：** 用念珠选择"点压"手法按压穴位。

**神门：** 用念珠选择"点压"手法按压穴位。

**内关：** 用念珠选择"点压"手法按压穴位。

**膻中：** 用念珠选择"点压"手法按压穴位。

**中脘：** 用念珠选择"点压"手法按压穴位。

**足三里：** 用念珠选择"点压"手法按压穴位。

# 劳宫

在手掌心，第2、3掌骨之间偏于
第3掌骨，握拳屈指时中指尖处。

盘膝而坐，保持平静呼吸，右手持一念珠，使念珠对准左侧穴位，心中默念"1、2、3、4、5、6、7、8"按压穴位，重复8次，共64次。对侧也按相同方法操作。

# 神门

腕掌侧横纹尺侧端，尺侧腕屈肌肌腱的桡侧凹陷处。

盘膝而坐，保持平静呼吸，右手持一念珠，使念珠对准左侧穴位，心中默念"1、2、3、4、5、6、7、8"按压穴位，重复8次，共64次。对侧也按相同方法操作。

# 内关

前臂掌侧，腕掌横纹中点向上2寸，掌长肌肌腱与桡侧腕屈肌肌腱之间。

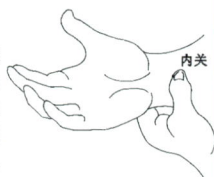

盘膝而坐，保持平静呼吸，右手持一念珠，使念珠对准左侧穴位，心中默念"1、2、3、4、5、6、7、8"按压穴位，重复8次，共64次。对侧也按相同方法操作。

## 膻中

在前正中线上，两乳头连线的中点处。

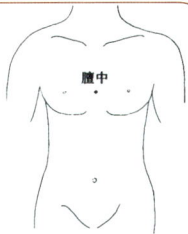

盘膝而坐，保持平静呼吸，左手持一念珠，使念珠对准穴位，心中默念"1、2、3、4、5、6、7、8"按压穴位，重复8次，共64次。

## 中脘

前正中线上，脐上4寸处。

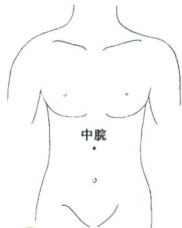

盘膝而坐，保持平静呼吸，左手持一念珠，使念珠对准穴位，心中默念"1、2、3、4、5、6、7、8"按压穴位，重复8次，共64次。

## 足三里

外膝眼正中直下3寸，胫骨外侧旁开1横指（中指）。

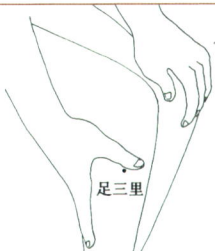

保持平静呼吸，右手持一念珠，使念珠对准右侧穴位，心中默念"1、2、3、4、5、6、7、8"按压穴位，重复8次，共64次。对侧也按相同方法操作。

第三篇 —盘念珠，带给您不一样的养生感受—

### 3. 夏季节气茶

做盘念珠四季养生操前后，可根据夏季选绿茶，还可根据节气配制夏季节气茶饮用。

### 立夏

在每年 5 月 5 日或 5 月 6 日。立夏意味着夏季开始。立夏后，生物进入了生长旺盛期，我们的身体也进入了代谢旺盛期，这个节气要注意养心护胃，可选用金莲大麦茶。

【制作方法】金莲花 6 克，大麦茶 15 克，放入茶杯中用热水冲泡5 分钟，即可饮用。金莲花有清热解毒、养肝明目、调理胃肠的作用。大麦茶有助消化、健脾胃的功效。金莲大麦茶有去心火、护肠胃作用。

### 小满

在每年 5 月 21 日或 5 月 22 日。小满的意思是小麦等夏季需要收割的粮食作物种子开始饱满，但还没有成熟，小满时麦子渐渐成熟。小满后气温明显升高，雨量增多。

陈皮银花茶

湿气加重，需要继续养心健脾胃，可选用陈皮银花茶。

【制作方法】陈皮 3 克，金银花 10 克，放入茶杯中，倒入开水，冲泡 5 分钟即可饮用。陈皮有健脾胃、疏肝理气作用，金银花可以清热解毒，陈皮银花茶可用来治疗口舌生疮、胸闷腹胀等症状。

### 芒种

在每年 6 月 6 日或 6 月 7 日，芒种后麦子类作物开始成熟，自然界阳气继续生长。南方进入了梅雨季节，人体新陈代谢旺盛。这个节气要注意预防湿热，保持身体阴阳平衡，可选用麦芽竹叶茶。

【制作方法】生麦芽 30 克，竹叶 10 克，山楂 6 克，洗净，放入茶壶中，开水冲泡 10 分钟即可饮用。麦芽有开胃作用，山楂健脾消食，竹叶除烦清热，三者合用，可较好地去火、开胃、除湿。

## 夏至

在每年 6 月 21 日或 6 月 22 日，夏至代表炎热的夏天已经来临，夏至后，大部分地区进入闷热天气，局部会出现暴雨，此时阳气最旺盛，人体各脏器水分消耗大，清热消暑的同时要注意保护阳气，可选用金盏荷叶茶。

【制作方法】金盏花 5 克，荷叶 6 克，枸杞子 6 克，放入茶壶中，倒入开水泡 5 分钟即可饮用。金盏花有清热、美容作用，荷叶可消暑、散热、降血脂，枸杞子补养肝肾，金盏荷叶茶能用来调理夏季头晕、乏力、面色灰暗等症状。

## 小暑

在每年 7 月 7 日或 7 月 8 日。小暑时的天气开始炎热，但并不是一年中最热的时候，小暑后入伏，要注意不要过多贪凉，在小暑节气可以喝些防暑降温的茶，可选用绿豆薏苡仁茶。

【制作方法】绿豆 50 克，薏苡仁 15 克，先将绿豆洗净，用清水泡 1 小时，然后将绿豆、薏苡仁放入锅里，大火煮开后，文火煮烂，代茶饮。绿豆味甘性寒，归于心、胃经；薏苡仁味甘，性微寒，归于脾、胃经。绿豆清热解毒，薏苡仁健脾除湿，两者可解暑除湿，但要注意体质虚寒者不宜长期大量饮用。

## 大暑

在每年 7 月 23 日或 7 月 24 日，大暑一般处于三伏的中伏阶段，是一年中最热的节气。既要防暑热、除湿气，也要预防过度贪凉引起的阳气受困，可选用荷叶三花茶。

【制作方法】荷叶 3 克，菊花 3 克，金银花 3 克，木棉花 3 克，以上花、叶属凉性或寒性，有祛除暑热的功效。将以上三样洗净，放入茶壶，倒入开水泡 10 分钟即可饮用。夏季头昏脑涨时，喝荷叶三花茶效果不错，但体质虚寒者不可多喝。

## （三）盘念珠秋季养生操及配制秋季节气茶

秋季是由热转凉的交接节气，也是阳气渐收、阴气渐长，由阳盛逐渐转变为阴盛的过渡时期，同时人体的阴阳代谢呈现阳消阴长的过渡节候，因此，在秋季养生应该遵从"养收"的原则，保持体内的阴阳平衡。秋季养生要顺应自然界的变化规律，按照中医学的五行理论，秋季属于金，五脏为肺，五气为燥，五化为收，五志为悲。秋燥易伤肺，同时，秋日的燥气也易产生消极悲伤和忧郁等不良情绪，秋季养生最重要的就是养肺。

初秋正是寒暑交替的时节，天气变化多端，气温冷暖多变，昼夜温差大，天气干燥，人们更容易上火，易致新病或旧病复发。要多晒太阳和进行户外活动，按摩特效穴位，可收敛神气，使秋气平、肺气清，助长阴气，收敛阳气，滋阴润肺。茶疗也可改善抑郁情绪，闭目静坐，吐浊纳新，有助于养神、内蓄精气神。

### 1. 入静调心

瞑目静坐，两唇轻合，舌抵上腭，摒除思虑，平缓深呼吸，静心凝神。双手握念珠放在大腿上，双手拇指和食指顺时针捻动念珠，如为佛教徒可在心中反复默念"南无观世音菩萨"5~10分钟；非佛教徒可随自己平缓深呼吸，默念呼吸次数5~10分钟。

### 2. 养肺穴位

**承浆：** 用念珠选择"点压"手法按压穴位。

**迎香：** 用念珠选择"点压"手法按压穴位。

**廉泉：** 用念珠选择"点压"手法按压穴位。

**鱼际：** 用念珠选择"点压"手法按压穴位。

**天突：** 用念珠选择"点压"手法按压穴位。

**太溪：** 用念珠选择"点压"手法按压穴位。

## 承浆

在颏唇沟的正中凹陷处。

盘膝而坐，保持平静呼吸，左手持一念珠，使念珠对准穴位，心中默念"1、2、3、4、5、6、7、8"按压穴位，重复8次，共64次。

## 迎香

鼻翼外侧凹陷中。

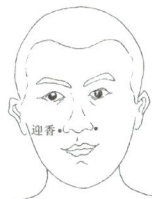

盘膝而坐，保持平静呼吸，右手持一念珠，使念珠对准右侧穴位，心中默念"1、2、3、4、5、6、7、8"按压穴位，重复8次，共64次。对侧也按相同方法操作。

## 廉泉

在前正中线上，结喉上方，舌骨上缘凹陷处。

盘膝而坐，保持平静呼吸，左手持一念珠，使念珠对准穴位，心中默念"1、2、3、4、5、6、7、8"按压穴位，重复8次，共64次。

第三篇 ——盘念珠，带给您不一样的养生感受——

# 鱼际

在第1掌骨中点桡侧，赤白肉际处。

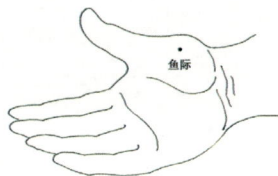

盘膝而坐，保持平静呼吸，左手持一念珠，使念珠对准右侧穴位，心中默念"1、2、3、4、5、6、7、8"按压穴位，重复8次，共64次。对侧也按相同方法操作。

# 天突

在前正中线上，胸骨上窝中央，在左、右胸锁乳突肌之间。

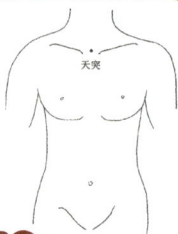

盘膝而坐，保持平静呼吸，右手持一念珠，使念珠对准穴位，心中默念"1、2、3、4、5、6、7、8"按压穴位，重复8次，共64次。

# 太溪

足内踝后方，内踝高点与跟腱之间的凹陷处。

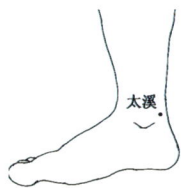

盘膝而坐，保持平静呼吸，右手持一念珠，使念珠对准右侧穴位，心中默念"1、2、3、4、5、6、7、8"按压穴位，重复8次，共64次。对侧也按相同方法操作。

### 3. 秋季节气茶

做盘念珠四季养生操前后，可根据秋季选黑茶、红茶，还可根据节气配制秋季节气茶饮用。

#### 立秋

在每年8月7日或8月8日。立秋后，空气凉爽，大地有露水产生，寒蝉鸣叫。但一些地区仍有余热，"秋老虎"还在。立秋后人体内阳气开始衰退，阴气渐渐强盛，生长变收藏，可以喝一些滋阴润燥的茶，可选用昆仑雪菊茶。

【制作方法】昆仑雪菊10克，放入茶杯中，倒上热水，泡5分钟即可饮用。昆仑雪菊味苦、性平，归肝、大肠经，有清除秋燥、滋阴生津的作用。

#### 处暑

在每年8月23日或8月24日。处暑后五谷已经成熟，南、北方气候差别大，北方秋意浓浓，南方还有余热。天气渐渐凉爽，雨量减少，人的皮肤、口、鼻开始感觉干燥，这时需要继续滋阴润燥，可选用百合雪梨茶。

【制作方法】百合花3克，雪梨20克。将百合花洗净，雪梨削皮切块，放入茶壶中，泡10分钟即可饮用。百合花有润肺、去火、安神的作用，雪梨有润肺止咳、滋阴降火的作用，两者泡饮，适合阴虚皮肤瘙痒、口干、咽干等秋燥症状。

#### 白露

在每年9月7日或9月8日。白露时分天气凉爽，空气中的水汽每到夜晚就会在树木花草上凝结成白色露珠。白露时节秋高气爽，气候更加干燥，昼夜温差大，可以继续喝一些化痰润燥的花草茶，可选用罗汉银耳茶。

罗汉银耳茶

一盘念珠，带给您不一样的养生感受一

【制作方法】罗汉果 10 克，银耳 15 克，将罗汉果切成小片，与银耳一起放入锅里煮开，代茶饮。罗汉果味甘性凉，归肺、大肠经，可生津润燥、清咽利喉；银耳富含天然植物凝胶，润肺养阴，两者合用，可滋阴补肺，效果不错。

## 秋分

在每年的 9 月 23 日或 9 月 24 日。此时昼夜平分。秋分后阴气开始旺盛，不再打雷，小虫开始蛰居，自然界阴气上升，调养除了坚持秋冬养阴养肺的原则外，还要保持阴阳平衡，可以喝性质平和的花草茶，可选用百合桂玉茶。

【制作方法】百合花 6 克，桂花 3 克，玉蝴蝶 6 克，放入茶壶中，倒入开水泡 5 分钟即可饮用。桂花性温，味辛、香，归心、脾、肝、胃经；百合花润肺、滋阴、安神，玉蝴蝶清热润肺，三者合用，可以调理人体阴阳。

## 寒露

在每年的 10 月 8 日或 10 月 9 日。寒露后气温继续降低，早晚温差更大。露是寒之气，先白而后寒，天气更加凉爽。此时北方已是深秋景象，红叶绽放，南方依然光照充足，人体阳气继续减退，阴气生长，养生要继续调整阴阳，可选用罗兰枸杞茶。

【制作方法】紫罗兰 3 克，枸杞子 10 克，放入茶壶中，倒入开水泡 5 分钟即可饮用。紫罗兰味辛、涩，性平，归肺经，有润肺、化痰、止咳的作用；枸杞子滋阴补肾，二者合用可以调整人体阴阳平衡。

## 霜降

在每年 10 月 23 日或 10 月 24 日，霜降后，黄叶开始垂落，虫子蛰居洞穴。霜降后夜晚气温突然降低，水汽凝结在上形成霜，霜降是秋向冬过渡的节气，要开始注意保暖，可以喝些防寒养胃的花草茶，可选用红糖枣姜茶。

【制作方法】将大枣 6 枚洗净，去核，加生姜 2 片，放入茶壶中，倒入开水，泡 15 分钟，加入红糖 2 茶勺，即可饮用。生姜性温，归肺、脾、胃经，大枣补血护胃，可以防风寒。

## （四）盘念珠冬季养生操及配制冬季节气茶

冬三月草木凋零，冰冻虫伏，是自然界万物闭藏的季节，人的阳气也要潜藏于内。因此，冬季养生的基本原则是"藏"。中医学认为，人体的能量和热量来源于肾。因而，冬季养肾就显得格外重要。肾为先天之本，是人体生命的原动力，肾气旺，生命力强，机体就能适应严冬的变化。肾喜温，而寒气凝滞收引，可使人体气机、血运不畅。肾虚者易出现内分泌紊乱，免疫功能低下，怕冷易感冒，并可影响其他脏腑的功能。冬季养生要顺应体内阳气的潜藏，以敛阴护阳为原则。按摩是一种有效的肾精充盛、肾气健旺的方法。

现代医学研究表明，人的心理、生理与外界自然环境的变化是息息相关的。严寒的气候作用于人体可致季节性情感失调症。寒冷使机体的新陈代谢和生理功能处于抑制和降低状态，使血液循环变慢、脑部供血不足，植物性神经功能发生紊乱，因而出现精神萎靡、注意力不集中等症状。要多进行户外活动，多晒太阳；加强体育锻炼和娱乐活动，增加生活的乐趣；多吃新鲜水果和蔬菜。茶疗也可改善抑郁情绪，闭目静坐，吐浊纳新，有助于养神，保持精神安静，内蓄精气神。

### 1. 入静调心

瞑目静坐，两唇轻合，舌抵上腭，摒除思虑，平缓深呼吸，静心凝神。双手握念珠放在大腿上，双手拇指和食指顺时针捻动念珠，如为佛教徒可在心中反复默念"南无观世音菩萨"5~10分钟；非佛教徒可随自己平缓深呼吸，默念呼吸次数 5~10 分钟。

### 2. 特效穴位

**风池：** 用念珠选择"摩擦"手法按压穴位。

**膻中：** 用念珠选择"点压"手法按压穴位。

**大椎：** 用念珠选择"摩擦"手法按压穴位。

**命门：** 用念珠选择"摩擦"手法按压穴位。

**神阙：**用念珠选择"点压"手法按压穴位。

**足三里：**用念珠选择"点压"手法按压穴位。

# 风池

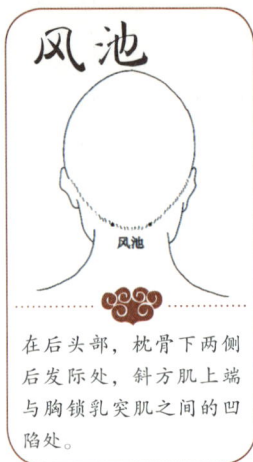

在后头部，枕骨下两侧后发际处，斜方肌上端与胸锁乳突肌之间的凹陷处。

盘膝而坐，保持平静呼吸，左手持一念珠，使念珠对准左侧穴位，心中默念"1、2、3、4、5、6、7、8"摩擦穴位，重复8次，共64次。对侧也按相同方法操作。

# 膻中

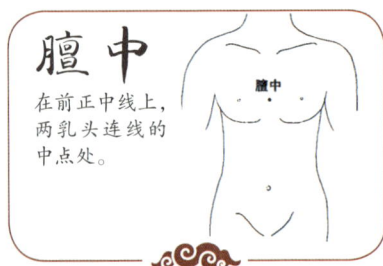

在前正中线上，两乳头连线的中点处。

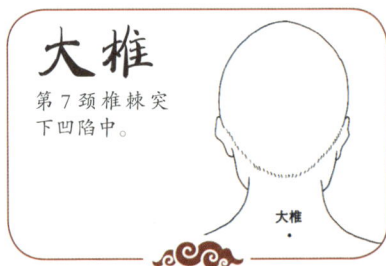

盘膝而坐，保持平静呼吸，左手持一念珠，使念珠对准穴位，心中默念"1、2、3、4、5、6、7、8"按压穴位，重复8次，共64次。

# 大椎

第7颈椎棘突下凹陷中。

盘膝而坐，保持平静呼吸，右手持一念珠，使念珠对准穴位，心中默念"1、2、3、4、5、6、7、8"摩擦穴位，重复8次，共64次。

# 命门

第2、3腰椎棘突间。

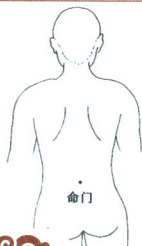

盘膝而坐，保持平静呼吸，左手持一念珠，使念珠对准侧穴位，心中默念"1、2、3、4、5、6、7、8"摩擦穴位，重复8次，共64次。

# 神阙

在脐中部，脐中央。

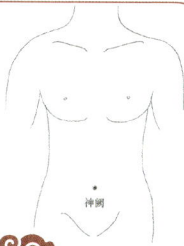

保持平静呼吸，左手持一念珠，使念珠对准穴位，心中默念"1、2、3、4、5、6、7、8"按压穴位，重复8次，共64次。

# 足三里

外膝眼正中直下3寸，胫骨外侧旁开1横指（中指）。

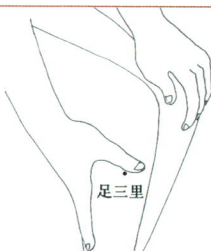

保持平静呼吸，右手持一念珠，使念珠对准右侧穴位，心中默念"1、2、3、4、5、6、7、8"按压穴位，重复8次，共64次。对侧也按相同方法操作。

盘念珠，带给您不一样的养生感受

### 3. 冬季节气茶

做盘念珠四季养生操前后，根据冬季选黑茶、红茶，还可根据节气配制冬季节气茶饮用。

#### 立冬

在每年 11 月 7 日或 11 月 8 日。立冬是冬季开始，大自然运转开始变慢，万物进入收藏阶段，立冬后天气寒冷，人体阳气潜藏，新陈代谢变慢，因此，立冬要注意补养肾，可以喝一些养血温中的花草茶，可选用当归灵芝茶。

【制作方法】当归 6 克，灵芝 6 克，放入茶壶中，倒入热水泡 15 分钟，既可饮用。当归味甘，性温，归肝、心、脾经。当归养血温中，补益气血。灵芝味甘性平，归心、肺、肝、肾经，补肾护肝，提高免疫力。

#### 小雪

在每年 11 月 22 日或 11 月 23 日，小雪后气温渐渐降低，北方开始下雪。天气上升、地气下降，阴阳交流阻塞，人体也处于阴冷状态，一些体质偏寒的女性就要开始补充阳气，喝些具温补作用的药茶，但不可温补过甚，可选用党参红枣茶。

【制作方法】党参 10 克，红枣 6 枚，将红枣洗净去核，与党参一起放入茶壶，倒入开水，泡 30 分钟即可饮用。党参性平，味甘，归脾、肺经，有补中益气作用，大枣补血安神养胃，两者都可以补益气血。

#### 大雪

在每年 12 月 7 日或 12 月 8 日。大雪意味着降雪量增加，地面出现积雪，虽是阴气最重节气，但人体阳气开始萌动，是冬季进补的好节气，可选祛寒保暖的花草茶，可选用当归红枣生姜茶。

【制作方法】当归 6 克，红枣 6 枚，生姜 6 克，将红枣洗净、去核，三者放入茶壶中，倒入开水，泡 10 分钟，加入适量红糖，即可饮用。当归味甘性温，归肝、心、脾经，养血温中；红枣补血护胃，生姜散寒。这款茶适合冬季怕冷、手脚寒凉的女性朋友。

### 冬至

在每年 12 月 22 日或 12 月 23 日，白昼最短黑夜最长。冬至后数九寒天来临，阳气开始生发。此时人体内的阴气开始达到最高峰，阳气在体内萌发，可继续选择温补作用的花草茶，可选用桂圆杜仲茶。

桂圆杜仲茶

【制作方法】桂圆肉 10 克，杜仲 6 克，放入茶杯中，倒入开水，泡 15 分钟，加入适量红糖，即可饮用。桂圆味甘性温，归心、脾经，杜仲性温，归肾经，两者合用，有补肾散寒作用。这款茶最适合腰痛、小腹发凉的女性朋友。

桂圆红枣茶

### 小寒

在每年的 1 月 5 日或 1 月 6 日，是一年中最冷的节气。小寒正值"三九"，寒气逼人，可继续温补，但要注意阳气已升发，温补不可过度，可选用桂圆红枣茶。

【制作方法】桂圆肉 10 克，红枣 10 克，将红枣洗净、去核，与桂圆肉一起放入茶壶中，倒入开水，泡 10 分钟即可饮用。桂圆温补，红枣养胃，两者合用适合因寒冷而腹部冰冷、面色苍白、浑身乏力的血虚体质者。

### 大寒

在每年 1 月 20 日或 1 月 21 日，是一年中温度最低的节气。河水结冰，人体内阳气更加升发，这个节气要注意继续升发人体阳气，同时做好迎接春季肝气疏发的准备，可饮用具有升阳疏肝作用的茶，可选用桂圆陈皮茶。

【制作方法】桂圆肉 10 克，陈皮 6 克，枸杞子 10 克，放入茶壶中，倒入开水，泡 10 分钟即可饮用。桂圆温补，陈皮疏肝，有助于阳气升发，枸杞子补养肝肾。本茶可以祛寒、疏肝补肾。

第三篇 —盘念珠，带给您不一样的养生感受—

# 盘念珠神志调理操及配制茶

现代人生活节奏快，压力大，心情易烦躁而不能心安，而安心有益于身体健康。中医学认为，"心藏神，其华在面，主血脉"，人若不能安心，可致经血积滞不畅，心血不足，阴阳平衡失调，出现心烦失眠、神不守舍、头晕、健忘、嗔怒、五心烦热等症状，长此以往，必然危害身心安康。现代医学研究表明，在稳定安静的情绪下，高血压、心脏病、癌症等患病率明显低于情绪不稳、急躁者。而佛教的一些"安心"方法，确不失为一种身心健康法，值得借鉴。

## （一）盘念珠安心操及配制茶

### 1. 入静调心

瞑目静坐，两唇轻合，舌抵上腭，摒除思虑，平缓深呼吸，静心凝神。双手握念珠放在大腿上，双手拇指和食指顺时针捻动念珠，如为佛教徒可在心中反复默念"南无观世音菩萨"5~10分钟；非佛教徒可随自己平缓深呼吸，默念呼吸次数5~10分钟。

### 2. 特效穴位

**百会：** 用念珠选择"点压"手法按压穴位。

**安眠：** 用念珠选择"点压"手法按压穴位。

**神门：** 用念珠选择"点压"手法按压穴位。

**内关：** 用念珠选择"点压"手法按压穴位。

**劳宫：** 用念珠选择"点压"手法按压穴位。

**膻中：** 用念珠选择"点压"手法按压穴位。

# 百会

在头顶正中线与两耳尖连线的交叉处。

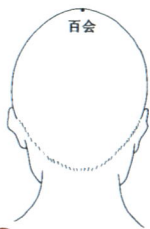

盘膝而坐，保持平静呼吸，左手持一念珠，使念珠对准穴位，心中默念"1、2、3、4、5、6、7、8"按压穴位，重复8次，共64次。

# 安眠

耳垂后的凹陷与枕骨下的凹陷连线的中点处。

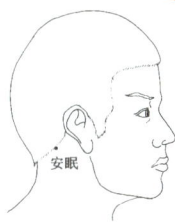

盘膝而坐，保持平静呼吸，左手持一念珠，使念珠对准左侧穴位，心中默念"1、2、3、4、5、6、7、8"按压穴位，重复8次，共64次。对侧也按相同方法操作。

# 神门

腕掌侧横纹尺侧端，尺侧腕屈肌肌腱的桡侧凹陷处。

盘膝而坐，保持平静呼吸，右手持一念珠，使念珠对准左侧穴位，心中默念"1、2、3、4、5、6、7、8"按压穴位，重复8次，共64次。对侧也按相同方法操作。

# 内关

前臂掌侧，腕掌横纹中点向上2寸，掌长肌肌腱与桡侧腕屈肌肌腱之间。

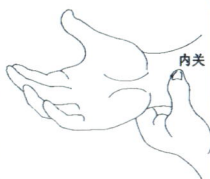

盘膝而坐，保持平静呼吸，右手持一念珠，使念珠对准左侧穴位，心中默念"1、2、3、4、5、6、7、8"按压穴位，重复8次，共64次。对侧也按相同方法操作。

第三篇 ——盘念珠，带给您不一样的养生感受——

# 劳宫

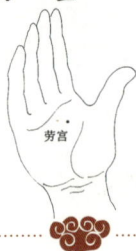

在手掌心，第2、3掌骨之间偏于第3掌骨，握拳屈指时中指尖处。

盘膝而坐，保持平静呼吸，右手持一念珠，使念珠对准左侧穴位，心中默念"1、2、3、4、5、6、7、8"按压穴位，重复8次，共64次。对侧也按相同方法操作。

# 膻中

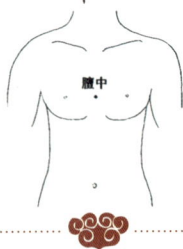

在前正中线上，两乳头连线的中点处。

盘膝而坐，保持平静呼吸，左手持一念珠，使念珠对准穴位，心中默念"1、2、3、4、5、6、7、8"按压穴位，重复8次，共64次。

### 3. 百合莲子安心茶

百合6克，莲子3克，放入茶壶中，开水冲泡5分钟即可饮用。百合滋阴润肺，莲子清心除烦，两者合用有润肺、安神、养心、美容的功效，这款茶尤其适合更年期综合征的女性。

百合莲子安心茶

## （二）盘念珠祛烦躁操及配制茶

### 1. 入静调心

瞑目静坐，两唇轻合，舌抵上腭，摒除思虑，平缓深呼吸，静心凝神。双手握念珠放在大腿上，双手拇指和食指顺时针捻动念珠，如为佛教徒可在心中反复默念"南无观世音菩萨"5~10分钟；非佛教徒可随自己平缓深呼吸，默念呼吸次数5~10分钟。

### 2. 特效穴位

**百会：** 用念珠选择"点压"手法按压穴位。

**风池：** 用念珠选择"摩擦"手法按压穴位。

**神庭：** 用念珠选择"点压"手法按压穴位。

**合谷：** 用念珠选择"点压"手法按压穴位。

**膻中：** 用念珠选择"点压"手法按压穴位。

**百会**
百会
在头顶正中线与两耳尖连线的交叉处。

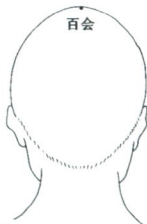

**风池**
风池
在后头部，枕骨下两侧后发际处，斜方肌上端与胸锁乳突肌之间的凹陷处。

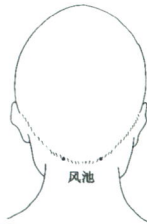

盘膝而坐，保持平静呼吸，左手持一念珠，使珠对准穴位，心中默念"1、2、3、4、5、6、7、8"按压穴位，重复8次，共64次。

盘膝而坐，保持平静呼吸，左手持一念珠，使念珠对准左侧穴位，心中默念"1、2、3、4、5、6、7、8"摩擦穴位，重复8次，共64次。对侧也按相同方法操作。

## 神庭

神庭

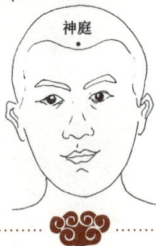

在前发际正中直上0.5寸。

盘膝而坐，保持平静呼吸，左手持一念珠，使念珠对准穴位，心中默念"1、2、3、4、5、6、7、8"按压穴位，重复8次，共64次。

## 合谷

合谷

在手背，第1、2掌骨间，第2掌骨桡侧的中点处。

盘膝而坐，保持平静呼吸，右手持一念珠，使念珠对准左侧穴位，心中默念"1、2、3、4、5、6、7、8"按压穴位，重复8次，共64次。对侧也按相同方法操作。

## 膻中

膻中

在前正中线上，两乳头连线的中点处。

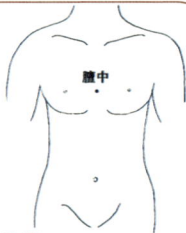

盘膝而坐，保持平静呼吸，左手持一念珠，使念珠对准穴位，心中默念"1、2、3、4、5、6、7、8"按压穴位，重复8次，共64次。

### 3. 麦冬玉竹祛烦茶

麦冬10克，玉竹10克，放入茶壶中，用沸水冲泡15分钟，即可饮用。麦冬益胃生津、清心除烦，玉竹有养阴润燥、除烦止咳的作用。这款茶适合心烦失眠、口渴多饮、干咳声嘶、阴虚体弱者。

### （三）盘念珠祛焦虑操及配制茶

焦虑是当人们遇到某些事情、困难、挑战或危险时出现的一种正常的情绪反应，女性焦虑症患者比男性多。短期焦虑对身心、生活、工作并无大的影响，而长时间的焦虑，就会影响身心健康。中医学认为，"脾为谏议之官，在志为思"，也就是说脾的情绪表现主要为忧思。所以，焦虑忧思过度主要影响脾胃功能，会出现食欲下降、消化不良等症状，伴随腹部胀满、嗳气等，长此以往，波及其他脏器，从而引起身心疾病。

因此，在生活和工作中，凡事不要对自己要求太高，量力而行。良好的睡眠对减轻焦虑非常重要。出现焦虑情绪时，要学会分散注意力，做一些轻松的事情，如听音乐、看书等，保持乐观自信的情绪。当你面临情绪紧张时，不妨做深呼吸，还可以做一做盘念珠祛焦虑操，按摩祛焦虑穴位，品一品调理茶，给自己积极的心理暗示，有助于消除焦虑情绪与紧张的压力。

#### 1. 入静调心

瞑目静坐，两唇轻合，舌抵上腭，摒除思虑，平缓深呼吸，静心凝神。双手握念珠放在大腿上，双手拇指和食指顺时针捻动念珠，如为佛教徒可在心中反复默念"南无观世音菩萨"5~10分钟；非佛教徒可随自己平缓深呼吸，默念呼吸次数5~10分钟。

#### 2. 特效穴位

**太阳：** 用念珠选择"点压"手法按压穴位。

**百会：** 用念珠选择"点压"手法按压穴位。

**合谷：** 用念珠选择"点压"手法按压穴位。

**曲池：** 用念珠选择"点压"手法按压穴位。

**膻中：** 用念珠选择"点压"手法按压穴位。

## 太阳

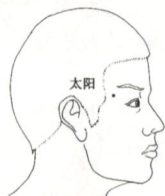

在耳郭前面，前额两侧，外眼角延长线的上方。

盘膝而坐，保持平静呼吸，左手持一念珠，使念珠对准左侧穴位，心中默念"1、2、3、4、5、6、7、8"按压穴位，重复8次，共64次。对侧也按相同方法操作。

## 百会

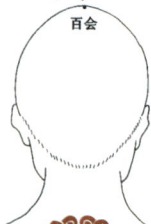

在头顶正中线与两耳尖连线的交叉处。

盘膝而坐，保持平静呼吸，左手持一念珠，使念珠对准穴位，心中默念"1、2、3、4、5、6、7、8"按压穴位，重复8次，共64次。

## 合谷

在手背，第1、2掌骨间，第2掌骨桡侧的中点处。

盘膝而坐，保持平静呼吸，右手持一念珠，使念珠对准左侧穴位，心中默念"1、2、3、4、5、6、7、8"按压穴位，重复8次，共64次。对侧也按相同方法操作。

# 曲池

曲池

肘部弯曲时肘横纹桡侧端。

盘膝而坐，保持平静呼吸，右手持一念珠，使念珠对准左侧穴位，心中默念"1、2、3、4、5、6、7、8"按压穴位，重复8次，共64次。对侧也按相同方法操作。

# 膻中

膻中

在前正中线上，两乳头连线的中点处。

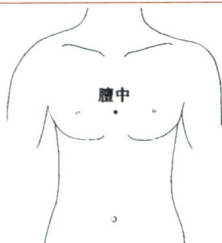

盘膝而坐，保持平静呼吸，左手持一念珠，使念珠对准穴位，心中默念"1、2、3、4、5、6、7、8"按压穴位，重复8次，共64次。

### 3. 百合薰衣舒心茶

　　百合6克，薰衣草6克，放入茶壶中，开水冲泡闷5分钟即可饮用。香味浓郁，加入冰糖味道更好。百合微寒性，有宁心安神作用，薰衣草有镇静催眠的作用，两者合用可以缓解焦虑情绪。如果心烦焦躁、睡眠不佳，不妨泡上一杯百合薰衣舒心茶。

## （四）盘念珠祛忧郁操及配制茶

忧郁之人普遍对某种事情或事物有过强的执念，想要的东西总是得不到，得不到便放不下，忧郁悲伤的情绪便一直郁积在心中。当人长期处于忧郁和悲伤的情绪，几乎全身所有器官都会受到抑制，而按照中医学五志分属五脏来说，肺之志为忧。忧愁和悲伤都会使肺气消耗，由于"肺主气"，所以以忧郁悲伤更易伤肺，肺气虚时，机体对外界不良刺激的耐受性就会下降，从而产生悲观、自卑、心理负担重等情绪。而肺气盛时，做起事来会更加自信，自卑心理少，遇大事时也会沉着镇定。

因此，在日常生活和工作中，要学会放下执着，释放压力，抛弃烦恼和妄念，保持平衡的心态，如可以旅游散心、适量运动、听听音乐等，让自己的身心和绷紧的神经得到放松。当面临忧郁悲伤的情绪时，不妨做深呼吸，还可以做一做盘念珠祛忧郁操，按摩有祛忧郁功效的穴位，品一品调理茶，给自己积极的心理暗示，有助于改善因忧郁而引起的悲伤情绪。

### 1. 入静调心

瞑目静坐，两唇轻合，舌抵上腭，摒除思虑，平缓深呼吸，静心凝神。双手握念珠放在大腿上，双手拇指和食指顺时针捻动念珠，如为佛教徒可在心中反复默念"南无观世音菩萨"5~10分钟；非佛教徒可随自己平缓深呼吸，默念呼吸次数 5~10 分钟。

### 2. 特效穴位

**人中：** 用念珠选择"点压"手法按压穴位。

**百会：** 用念珠选择"点压"手法按压穴位。

**合谷：** 用念珠选择"点压"手法按压穴位。

**大椎：** 用念珠选择"摩擦"手法按压穴位。

**膻中：** 用念珠选择"点压"手法按压穴位。

人中

人中

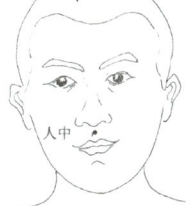

人中沟的上 1/3 与中 1/3 交点处。

盘膝而坐，保持平静呼吸，左手持一念珠，使念珠对准穴位，心中默念"1、2、3、4、5、6、7、8"按压穴位，重复 8 次，共 64 次。

百会

百会

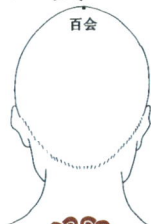

在头顶正中线与两耳尖连线的交叉处。

盘膝而坐，保持平静呼吸，左手持一念珠，使念珠对准穴位，心中默念"1、2、3、4、5、6、7、8"按压穴位，重复 8 次，共 64 次。

合谷

合谷

在手背，第 1、2 掌骨间，第 2 掌骨桡侧的中点处。

盘膝而坐，保持平静呼吸，右手持一念珠，使念珠对准左侧穴位，心中默念"1、2、3、4、5、6、7、8"按压穴位，重复 8 次，共 64 次。对侧也按相同方法操作。

第三篇 ——盘念珠，带给您不一样的养生感受

# 大椎

第 7 颈椎棘突下凹陷中。

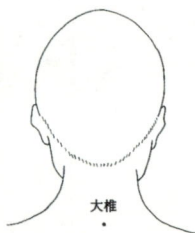

大椎

盘膝而坐，保持平静呼吸，右手持一念珠，使念珠对准穴位，心中默念"1、2、3、4、5、6、7、8"摩擦穴位，重复 8 次，共 64 次。

# 膻中

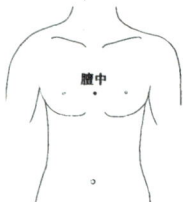

膻中

在前正中线上，两乳头连线的中点处。

盘膝而坐，保持平静呼吸，左手持一念珠，使念珠对准穴位，心中默念"1、2、3、4、5、6、7、8"按压穴位，重复 8 次，共 64 次。

## 3. 玫瑰合欢祛郁茶

干玫瑰花 6 克，合欢花 10 克，放入茶壶，沸水泡 10 分钟即可饮用。玫瑰疏肝解郁、调经止痛，适合女性经前烦躁、情绪抑郁者；合欢花味苦，性平，有解郁安神功效，两者合用还可美容调经，但女性孕期或月经量过多者不宜多用。

# 盘念珠与调理体质

## （一）如何知道自己的体质类型

体质是指个体在生命过程中，在遗传和后天获得的基础上逐渐形成的在形态结构、生理功能和心理活动方面综合的相对稳定的特性，表现为机体代谢等诸多方面对外界刺激反应的个体差异及对某些疾病的易感性、产生病变的类型与疾病转归的某种倾向性。

中医学认为，脏腑功能盛衰决定体质的差异，经络是体质形成的结构基础，而精气血津液是决定体质特征的重要物质基础。

中医体质学创始人、国医大师王琦教授的研究成果将人的体质分为阳虚质、阴虚质、气虚质、痰湿质、湿热质、血瘀质、气郁质、特禀质、平和质9种基本体质类型。2009年，《国家公共卫生服务规范》将"中医体质辨识"首次纳入国家公共卫生服务体系，加以推广。在这9种体质类型中，仅一种为平和体质，而其他8种都是偏颇体质，占人群的大多数。亚健康人群多为偏颇体质，不同体质易患不同疾病。体质不同，其具体的养生方法也各不相同。针对不同的偏颇体质，有的放矢，量身定做养生调理方案。调理体质，是治未病的基础和必由之路，对改善亚健康状态是非常重要的。

## （二）九种体质的特点和判定

### 1. 阳虚质

总体特征：阳气不足，以畏寒怕冷、手足不温等虚寒表现为主要特征。

形体特征：肌肉松软不实。

常见表现：平素畏冷，手足不温，喜热饮食，精神不振，舌淡胖嫩，脉沉迟。

心理特征：性格多沉静、内向。

患病倾向：易患寒证、痹证，易患关节炎、腰腿痛等。

适应能力：耐夏不耐冬；易感风、寒、湿邪。

**判定自测表：**

请根据近一年的体验和感觉，回答以下问题

| 请根据近一年的体验和感觉，回答以下问题 | 没有（根本不） | 很少（有一点） | 有时（有些） | 经常（相当） | 总是（非常） |
|---|---|---|---|---|---|
| 1. 您手脚发凉吗？ | 1 | 2 | 3 | 4 | 5 |
| 2. 您胃脘部、背部或腰膝部怕冷吗？ | 1 | 2 | 3 | 4 | 5 |
| 3. 您感到怕冷、衣服比别人穿得多吗？ | 1 | 2 | 3 | 4 | 5 |
| 4. 您比一般人耐受不了寒冷（冬天的寒冷，夏天的冷空调、电扇等）吗？ | 1 | 2 | 3 | 4 | 5 |
| 5. 您比别人容易患感冒吗？ | 1 | 2 | 3 | 4 | 5 |
| 6. 您吃（喝）凉的东西会感到不舒服或怕吃(喝)凉东西吗？ | 1 | 2 | 3 | 4 | 5 |
| 7. 你受凉或吃（喝）凉的东西后，容易腹泻（拉肚子）吗？ | 1 | 2 | 3 | 4 | 5 |

**计分方法：**

1. 原始分：简单求和法。原始分数 = 各个条目的分值相加。

2. 转化分数：0 ~ 100 分。转化分数 =（原始分 –7）/28 × 100

阳虚体质判定标准：转化分 ≥ 40 分，判定为"是"；转化分为 30 ~ 39 分，判定为"倾向是"；转化分 < 30 分，判定为"否"。

判断结果：□是 □倾向是 □否

179

第四篇

——盘念珠与调理体质——

## 2.阴虚质

**总体特征：**阴液亏少，以口燥咽干、手足心热等虚热表现为主要特征。

**形体特征：**体形偏瘦。

**常见表现：**手足心热，口燥咽干，鼻微干，喜冷饮，大便干燥，舌红少津，脉细数。

**心理特征：**性情急躁，外向好动，活泼。

**患病倾向：**易有便秘、肿瘤、结核等阴亏燥热的病症。

**适应能力：**耐冬不耐夏；不耐受暑、热、燥邪。

**判定自测表：**

请根据近一年的体验和感觉，回答以下问题

| 请根据近一年的体验和感觉，回答以下问题 | 没有（根本不） | 很少（有一点） | 有时（有些） | 经常（相当） | 总是（非常） |
|---|---|---|---|---|---|
| 1.您感到手、脚心发热吗？ | 1 | 2 | 3 | 4 | 5 |
| 2.您感觉身体、脸上发热吗？ | 1 | 2 | 3 | 4 | 5 |
| 3.您皮肤或口唇干吗？ | 1 | 2 | 3 | 4 | 5 |
| 4.您口唇的颜色比一般人红吗？ | 1 | 2 | 3 | 4 | 5 |
| 5.您容易便秘或大便干燥吗？ | 1 | 2 | 3 | 4 | 5 |
| 6.您面部两颧潮红或偏红吗？ | 1 | 2 | 3 | 4 | 5 |
| 7.您感到眼睛干涩吗？ | 1 | 2 | 3 | 4 | 5 |
| 8您感到口干咽燥，总是想喝水吗？ | 1 | 2 | 3 | 4 | 5 |

**计分方法：**

1.原始分：简单求和法。原始分数＝各个条目的分值相加。

2.转化分数：0～100分。转化分数＝（原始分 –8）/32×100

阴虚体质判定标准：转化分≥40分，判定为"是"；转化分为30～39分，判定为"倾向是"；转化分＜30分，判定为"否"。

判断结果：□是　□倾向是　□否

### 3. 气虚质

总体特征：元气不足，以疲乏、气短、自汗等气虚表现为主要特征。

形体特征：肌肉松软不实。

常见表现：平素语音低弱，气短懒言，容易疲乏，精神不振，易出汗，舌淡红，舌边有齿痕，脉弱。

心理特征：性格内向，不喜冒险。

患病倾向：易患感冒、内脏下垂等病；病后康复缓慢。

适应能力：不耐受风、寒、暑、湿邪。

**判定自测表：**

请根据近一年的体验和感觉，回答以下问题

| 请根据近一年的体验和感觉，回答以下问题 | 没有（根本不） | 很少（有一点） | 有时（有些） | 经常（相当） | 总是（非常） |
|---|---|---|---|---|---|
| 1. 您容易疲乏吗？ | 1 | 2 | 3 | 4 | 5 |
| 2. 您容易气短（呼吸短促，接不上气）吗？ | 1 | 2 | 3 | 4 | 5 |
| 3. 您容易心慌吗？ | 1 | 2 | 3 | 4 | 5 |
| 4. 您容易头晕或站起时晕眩吗？ | 1 | 2 | 3 | 4 | 5 |
| 5. 您比别人容易患感冒吗？ | 1 | 2 | 3 | 4 | 5 |
| 6. 您喜欢安静、懒得说话吗？ | 1 | 2 | 3 | 4 | 5 |
| 7. 您说话声音无力吗？ | 1 | 2 | 3 | 4 | 5 |
| 8. 您活动量稍大就容易出虚汗吗？ | 1 | 2 | 3 | 4 | 5 |

**计分方法：**

1. 原始分：简单求和法。原始分数 = 各个条目的分值相加。

2. 转化分数：0 ~ 100 分。转化分数 =（原始分 –8）/32 × 100

气虚体质判定标准：转化分 ≥ 40 分，判定为"是"；转化分为 30 ~ 39 分，判定为"倾向是"；转化分 < 30 分，判定为"否"。

判断结果：□是 □倾向是 □否

## 4.痰湿质

**总体特征**：痰湿凝聚，以形体肥胖、腹部肥满、口黏苔腻等痰湿表现为主要特征。

**形体特征**：体形肥胖，腹部肥满松软。

**常见表现**：面部皮肤油脂较多，多汗且黏，胸闷，痰多，口黏腻或甜，喜食肥甘甜黏，苔腻，脉滑。

**心理特征**：性格偏温和、稳重，多善于忍耐。

**患病倾向**：易患糖尿病、高血压病、肥胖症、高脂血症、脑血管疾病等。

**适应能力**：对梅雨季节及湿重环境适应能力差。

**判定自测表：**

请根据近一年的体验和感觉，回答以下问题

| 请根据近一年的体验和感觉，回答以下问题 | 没有（根本不） | 很少（有一点） | 有时（有些） | 经常（相当） | 总是（非常） |
|---|---|---|---|---|---|
| 1．您感到胸闷或腹部胀满吗？ | 1 | 2 | 3 | 4 | 5 |
| 2.您感到身体沉重不轻松或不爽快吗？ | 1 | 2 | 3 | 4 | 5 |
| 3.您腹部肥满松软吗？ | 1 | 2 | 3 | 4 | 5 |
| 4.您有额部油脂分泌多的现象吗？ | 1 | 2 | 3 | 4 | 5 |
| 5.您上眼睑比别人肿（有轻微隆起的现象）吗？ | 1 | 2 | 3 | 4 | 5 |
| 6.您嘴里有黏黏的感觉吗？ | 1 | 2 | 3 | 4 | 5 |
| 7.您平时痰多，特别是咽喉部总感到有痰堵着吗？ | 1 | 2 | 3 | 4 | 5 |
| 8.您舌苔厚腻或有舌苔厚的感觉吗？ | 1 | 2 | 3 | 4 | 5 |

**计分方法：**

1.原始分：简单求和法。原始分数＝各个条目的分值相加。

2.转化分数：0～100分。转化分数＝（原始分−8）/32×100

痰湿体质判定标准：转化分≥40分，判定为"是"；转化分为30～39分，判定为"倾向是"；转化分＜30分，判定为"否"。

判断结果：□是　□倾向是　□否

## 5. 湿热质

总体特征: 湿热内蕴, 以面垢油光、口苦、苔黄腻等湿热表现为主要特征。

形体特征: 形体中等或偏瘦。

常见表现: 面垢油光, 易生痤疮, 口苦口干, 身重困倦, 大便黏滞不畅或燥结, 小便短黄, 男性易阴囊潮湿, 女性易带下增多, 舌质偏红, 苔黄腻, 脉滑数。

心理特征: 容易心烦急躁。

患病倾向: 易患疮疖、黄疸、带下等病。

适应能力: 对夏末秋初湿热气候, 湿重或气温偏高环境较难适应。

**判定自测表:**

请根据近一年的体验和感觉, 回答以下问题

| 请根据近一年的体验和感觉, 回答以下问题 | 没有 (根本不) | 很少 (有一点) | 有时 (有些) | 经常 (相当) | 总是 (非常) |
|---|---|---|---|---|---|
| 1. 您面部或鼻部有油腻感或者油亮发光吗? | 1 | 2 | 3 | 4 | 5 |
| 2. 您容易生痤疮或疮疖吗? | 1 | 2 | 3 | 4 | 5 |
| 3. 您感到口苦或嘴里有异味吗? | 1 | 2 | 3 | 4 | 5 |
| 4. 您大便黏滞不爽、有解不尽的感觉吗? | 1 | 2 | 3 | 4 | 5 |
| 5. 您便秘或大便干燥吗? | 1 | 2 | 3 | 4 | 5 |
| 6. 您小便时尿道有发热感、尿色浓(深)吗? | 1 | 2 | 3 | 4 | 5 |
| 7. 您带下色黄(白带颜色发黄)吗?(限女性) | 1 | 2 | 3 | 4 | 5 |
| 8. 您的阴囊部位潮湿吗?(限男性) | 1 | 2 | 3 | 4 | 5 |

**计分方法:**

1. 原始分: 简单求和法。原始分数 = 各个条目的分值相加。

2. 转化分数: 0 ~ 100 分。转化分数 = (原始分 –7) /28 × 100

湿热体质判定标准: 转化分 ≥ 40 分, 判定为 "是"; 转化分为 30 ~ 39 分, 判定为 "倾向是"; 转化分 < 30 分, 判定为 "否"。

判断结果: □是  □倾向是  □否

## 6.血瘀质

总体特征：血行不畅，以肤色晦黯、舌质紫黯等血瘀表现为主要特征。

形体特征：胖瘦均见。

常见表现：肤色晦黯，色素沉着，容易出现瘀斑，口唇黯淡，舌黯或有瘀点，舌下络脉紫黯或增粗，脉涩。

心理特征：易烦，健忘。

患病倾向：易患肿瘤、中风、崩漏等。

适应能力：不耐受寒邪。

**判定自测表：**

请根据近一年的体验和感觉，回答以下问题

| 请根据近一年的体验和感觉，回答以下问题 | 没有（根本不） | 很少（有一点） | 有时（有些） | 经常（相当） | 总是（非常） |
|---|---|---|---|---|---|
| 1.您的皮肤在不知不觉中会出现青紫瘀斑（皮下出血）吗? | 1 | 2 | 3 | 4 | 5 |
| 2.您两颧部有细微红丝吗? | 1 | 2 | 3 | 4 | 5 |
| 3.您身体上有哪里疼痛吗? | 1 | 2 | 3 | 4 | 5 |
| 4.您面色晦黯或容易出现褐斑吗? | 1 | 2 | 3 | 4 | 5 |
| 5.您容易有黑眼圈吗? | 1 | 2 | 3 | 4 | 5 |
| 6.您容易忘事（健忘）吗? | 1 | 2 | 3 | 4 | 5 |
| 7.您口唇颜色偏黯吗? | 1 | 2 | 3 | 4 | 5 |

**计分方法：**

1.原始分：简单求和法。原始分数 = 各个条目的分值相加。

2.转化分数：0 ~ 100分。转化分数 =（原始分 –7）/28 × 100

血瘀体质判定标准：转化分 ≥ 40分，判定为"是"；转化分为30 ~ 39分，判定为"倾向是"；转化分 < 30分，判定为"否"。

判断结果：□是　□倾向是　□否

### 7. 气郁质

总体特征：气机郁滞，以神情抑郁、忧虑脆弱等气郁表现为主要特征。

形体特征：形体瘦者为多。

常见表现：神情抑郁，情感脆弱，烦闷不乐，舌淡红，苔薄白，脉弦。

心理特征：性格内向不稳定、敏感多虑。

患病倾向：易患抑郁症、梅核气、肿瘤等。

适应能力：对精神刺激适应能力较差；不适应阴雨天气。

**判定自测表：**

请根据近一年的体验和感觉，回答以下问题

| 请根据近一年的体验和感觉，回答以下问题 | 没有（根本不） | 很少（有一点） | 有时（有些） | 经常（相当） | 总是（非常） |
|---|---|---|---|---|---|
| 1. 您感到闷闷不乐吗？ | 1 | 2 | 3 | 4 | 5 |
| 2. 您容易精神紧张、焦虑不安吗？ | 1 | 2 | 3 | 4 | 5 |
| 3. 您多愁善感、感情脆弱吗？ | 1 | 2 | 3 | 4 | 5 |
| 4. 您容易感到害怕或受到惊吓吗？ | 1 | 2 | 3 | 4 | 5 |
| 5. 您胁肋部或乳房胀痛吗？ | 1 | 2 | 3 | 4 | 5 |
| 6. 您无缘无故叹气吗？ | 1 | 2 | 3 | 4 | 5 |
| 7. 您咽喉部有异物感，且吐之不出、咽之不下吗？ | 1 | 2 | 3 | 4 | 5 |

**计分方法：**

1. 原始分：简单求和法。原始分数 = 各个条目的分值相加。

2. 转化分数：0 ～ 100 分。转化分数 =（原始分 –7）/28 × 100

气郁体质判定标准：转化分 ≥ 40 分，判定为"是"；转化分为 30 ～ 39 分，判定为"倾向是"；转化分 < 30 分，判定为"否"。

判断结果：□是　□倾向是　□否

### 8. 特禀质

总体特征：先天失常，以生理缺陷、过敏反应等为主要特征。

形体特征：过敏体质者一般无特殊；先天禀赋异常者或有畸形，或有生理缺陷。

常见表现：过敏体质者常见哮喘、风团、咽痒、鼻塞、喷嚏等；患遗传性疾病者有垂直遗传、先天性、家族性特征；患胎传性疾病者具有母体影响胎儿个体生长发育及相关疾病特征。

心理特征：随禀质不同情况各异。

患病倾向：过敏体质者易患哮喘、荨麻疹、花粉症及药物过敏等；遗传性疾病，如血友病、先天愚型等；胎传性疾病，如五迟（立迟、行迟、发迟、齿迟和语迟）、五软（头软、项软、手足软、肌肉软、口软）、解颅、胎惊等。

适应能力：适应能力差，对易致过敏季节适应能力差，易引发宿疾。

**判定自测表：**

请根据近一年的体验和感觉，回答以下问题

| 请根据近一年的体验和感觉，回答以下问题 | 没有（根本不） | 很少（有一点） | 有时（有些） | 经常（相当） | 总是（非常） |
|---|---|---|---|---|---|
| 1.您没有感冒时也会打喷嚏吗？ | 1 | 2 | 3 | 4 | 5 |
| 2.您没有感冒时也会鼻塞、流鼻涕吗？ | 1 | 2 | 3 | 4 | 5 |
| 3.您有因季节变化、温度变化或异味等原因而出现咳喘的现象吗？ | 1 | 2 | 3 | 4 | 5 |
| 4.您容易过敏（对药物、食物、气味、花粉或在季节交替、气候变化时）吗？ | 1 | 2 | 3 | 4 | 5 |
| 5.您的皮肤容易起荨麻疹（风团、风疹块、风疙瘩）吗？ | 1 | 2 | 3 | 4 | 5 |
| 6.您因过敏出现过紫癜（紫红色瘀点、瘀斑）吗？ | 1 | 2 | 3 | 4 | 5 |
| 7.您的皮肤一抓就红，并出现抓痕吗？ | 1 | 2 | 3 | 4 | 5 |

**计分方法：**

1.原始分：简单求和法。原始分数 = 各个条目的分值相加。

2.转化分数：0 ~ 100分。转化分数 =（原始分 –7）/28 × 100

特禀体质判定标准：转化分 ≥ 40分，判定为"是"；转化分为30 ~ 39分，判定为"倾向是"；转化分 < 30分，判定为"否"。

判断结果：□是　□倾向是　□否

## 9.平和质

总体特征：阴阳气血调和，以体态适中、面色红润、精力充沛等为主要特征。

形体特征：体形匀称健壮。

常见表现：面色、肤色润泽，头发稠密有光泽，目光有神，鼻色明润，嗅觉通利，唇色红润，不易疲劳，精力充沛，耐受寒热，睡眠良好，胃纳佳，二便正常，舌色淡红，苔薄白，脉和缓有力。

心理特征：性格随和开朗。

患病倾向：平素患病较少。

适应能力：对自然环境和社会环境适应能力较强。

**判定自测表：**

请根据近一年的体验和感觉，回答以下问题

| 请根据近一年的体验和感觉，回答以下问题 | 没有（根本不） | 很少（有一点） | 有时（有些） | 经常（相当） | 总是（非常） |
|---|---|---|---|---|---|
| 1.您精力充沛吗？ | 1 | 2 | 3 | 4 | 5 |
| 2.您容易疲乏吗？ | 5 | 4 | 3 | 2 | 1 |
| 3.您说话声音无力吗？ | 5 | 4 | 3 | 2 | 1 |
| 4.您感到闷闷不乐吗？ | 5 | 4 | 3 | 2 | 1 |
| 5.您比一般人耐受不了寒冷（冬天的寒冷，夏天的冷空调、电扇）吗？ | 5 | 4 | 3 | 2 | 1 |
| 6.您能适应外界自然和社会环境的变化吗？ | 1 | 2 | 3 | 4 | 5 |
| 7.您容易失眠吗？ | 5 | 4 | 3 | 2 | 1 |
| 8.您容易忘事（健忘）吗？ | 5 | 4 | 3 | 2 | 1 |

**计分方法：**

1. 原始分：简单求和法。原始分数 = 各个条目的分值相加。

2. 转化分数：0 ~ 100 分。转化分数 =（原始分 -8）/32 × 100

平和体质判定标准：转化分 ≥ 40 分，判定为"是"；转化分为 30 ~ 39 分，判定为"倾向是"；转化分 < 30 分，判定为"否"。

判断结果：□是　□倾向是　□否

## （三）盘念珠九种体质调理操及配制体质调理茶

### 1. 阳虚体质

#### （1）入静调心

瞑目静坐，两唇轻合，舌抵上腭，摒除思虑，平缓深呼吸，静心凝神。双手握念珠放在大腿上，双手拇指和食指顺时针捻动念珠，如为佛教徒可在心中反复默念"南无观世音菩萨"5~10 分钟；非佛教徒可随自己平缓深呼吸，默念呼吸次数 5~10 分钟。

#### （2）特效穴位及手法

**大椎：** 用念珠选择"摩擦"手法按压穴位。

**脾俞：** 用念珠选择"摩擦"手法按压穴位。

**肾俞：** 用念珠选择"摩擦"手法按压穴位。

**命门：** 用念珠选择"摩擦"手法按压穴位。

**足三里：** 用念珠选择"点压"手法按压穴位。

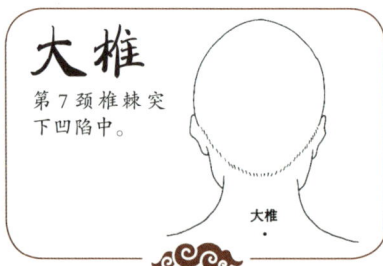

大椎

第 7 颈椎棘突下凹陷中。

大椎

盘膝而坐，保持平静呼吸，右手持一念珠，使念珠对准穴位，心中默念"1、2、3、4、5、6、7、8"摩擦穴位，重复 8 次，共 64 次。

# 脾俞

第11胸椎棘突下，正中线旁开1.5寸。

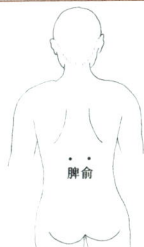

脾俞

盘膝而坐，保持平静呼吸，左手持一念珠，使念珠对准右侧穴位，心中默念"1、2、3、4、5、6、7、8"摩擦穴位，重复8次，共64次。对侧也按相同方法操作。

# 肾俞

第2腰椎棘突下，正中线旁开1.5寸处。

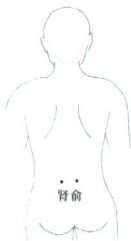

肾俞

盘膝而坐，保持平静呼吸，左手持一念珠，使念珠对准右侧穴位，心中默念"1、2、3、4、5、6、7、8"摩擦穴位，重复8次，共64次。对侧也按相同方法操作。

## 命门

第2、3腰椎棘突间。

命门

## 足三里

外膝眼正中直下3寸，胫骨外侧旁开1横指（中指）。

足三里

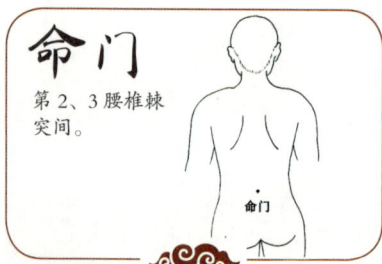

盘膝而坐，保持平静呼吸，左手持一念珠，使念珠对准侧穴位，心中默念"1、2、3、4、5、6、7、8"摩擦穴位，重复8次，共64次。

保持平静呼吸，右手持一念珠，使念珠对准右侧穴位，心中默念"1、2、3、4、5、6、7、8"按压穴位，重复8次，共64次。对侧也按相同方法操作。

### （3）饮食起居

避免过劳，春夏培补阳气，秋冬避寒就温，多进行日光浴，注重足下、背部及丹田部位的保暖，避免大汗、醉酒，忌熬夜，节房事。宜食甘温、温阳食品，如牛肉、羊肉、葱、蒜、花椒、鳝鱼、韭菜、辣椒、胡椒、栗子等；少食生冷、寒凉食物，如黄瓜、藕、梨、西瓜等。"春夏养阳"，夏日三伏每伏食附子粥或羊肉附子汤一次，平时可多食羊肉扒莴笋、韭菜炒胡桃仁、当归生姜羊肉汤、韭菜炒胡桃仁。

### （4）运动及音乐

动作宜柔缓，如八段锦、太极拳（剑）、五禽戏——虎戏、散步。多听欢快、喜庆的音乐，如徵调式乐曲《步步高》《解放军进行曲》《卡门序曲》等。

### （5）阳虚体质调理茶

女贞子4克，菟丝子4克，枸杞子4克，五味子3克。

茶中女贞子补益肝肾，菟丝子具有滋补肝肾、固精缩尿、安胎、明目、止泻之功效，既可补阳，又可益阴，具有温而不燥、补而不滞的特点。肾为先天之本，是元阴与元阳之根，是人体生殖发育的根源、脏腑功能活动的动力。此方具有温经通络、大补气血、驱除寒气、安神醒脑、强健体质等功效。

【制作方法】将女贞子、菟丝子、五味子研成粉末与枸杞子置于杯中，沸水冲泡加盖闷置5分钟后，即可饮用。可在做体质调理操前后饮用。

### 2. 阴虚体质

#### （1）入静调心

瞑目静坐，两唇轻合，舌抵上腭，摒除思虑，平缓深呼吸，静心凝神。双手握念珠放在大腿上，双手拇指和食指顺时针捻动念珠，如为佛教徒可在心中反复默念"南无观世音菩萨"5~10分钟；非佛教徒可随自己平缓深呼吸，默念呼吸次数5~10分钟。

#### （2）特效穴位及手法

**关元：** 用念珠选择"点压"手法按压穴位。

**太溪：** 用念珠选择"点压"手法按压穴位。

**阴陵泉：** 用念珠选择"点压"手法按压穴位。

**三阴交：** 用念珠选择"点压"手法按压穴位。

关元

关元

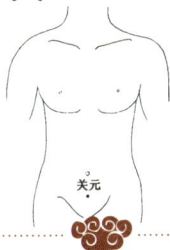

身体前正中线上，脐中下3寸。

盘膝而坐，保持平静呼吸，左手持一念珠，使念珠对准穴位，心中默念"1、2、3、4、5、6、7、8"按压穴位，重复8次，共64次。

## 太溪

足内踝后方，内踝高点与跟腱之间的凹陷处。

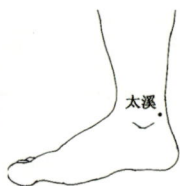

太溪

盘膝而坐，保持平静呼吸，右手持一念珠，使念珠对准右侧穴位，心中默念"1、2、3、4、5、6、7、8"按压穴位，重复8次，共64次。对侧也按相同方法操作。

## 三阴交

足内踝尖上3寸，胫骨内侧缘后方。

三阴交

保持平静呼吸，左手持一念珠，使念珠对准右侧穴位，心中默念"1、2、3、4、5、6、7、8"按压穴位，重复8次，共64次。对侧也按相同方法操作。

## 阴陵泉

在小腿内侧，膝下胫骨内侧髁下方凹陷中。

阴陵泉

保持平静呼吸，左手持一念珠，使念珠对准右侧穴位，心中默念"1、2、3、4、5、6、7、8"按压穴位，重复8次，共64次。对侧也按相同方法操作。

（3）饮食起居

夏应避暑，秋冬养阴；居室安静，忌熬夜，节房事，避免大汗、醉酒，不剧烈运动，不在高温下工作。食宜甘润、甘凉滋润食物。常吃梨、百合、银耳、木瓜、菠菜、无花果、冰糖、茼蒿等；少食葱、姜、蒜、椒、荔枝、茴香等辛辣燥热之品；平时可食木耳莲子百合羹。

（4）运动及音乐

宜动静结合，不宜大汗，及时补水，如太极拳（剑）、游泳、散步、叩齿生津咽津功。宜听舒缓、悠扬音乐，如角调式乐曲《春之声圆舞曲》《蓝色多瑙河》《江南丝竹乐》《春风得意》《摇篮曲》《小夜曲》。

（5）阴虚体质调理茶

枸杞子5克，麦冬4克，白菊花3克，石斛4克。

方中石斛滋阴补虚；麦冬养阴润肺、清心除烦；枸杞子可滋补肝肾、抗衰老、止消渴；白菊花善清肝泻火，兼能益阴明目，枸杞子、菊花等相配共收滋补肝肾、益阴明目之功，对津伤口渴、内热消渴、心烦失眠、肠燥便秘等阴虚之症疗效颇佳。

【制作方法】将麦冬、石斛研成粉末与枸杞子、白菊一起置于杯中；沸水冲泡加盖闷置5分钟后，即可饮用。可在做体质调理操前后饮用。

### 3. 气虚体质

（1）入静调心

瞑目静坐，两唇轻合，舌抵上腭，摒除思虑，平缓深呼吸，静心凝神。双手握念珠放在大腿上，双手拇指和食指顺时针捻动念珠，如为佛教徒可在心中反复默念"南无观世音菩萨"5~10分钟；非佛教徒可随自己平缓深呼吸，默念呼吸次数5~10分钟。

（2）特效穴位及手法

**百会：** 用念珠选择"点压"手法按压穴位。

**气海：** 用念珠选择"点压"手法按压穴位。

**足三里：** 用念珠选择"点压"手法按压穴位。

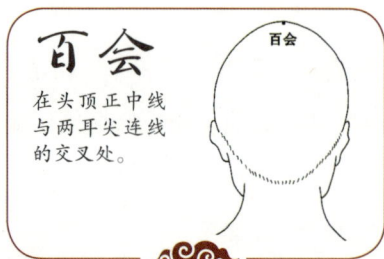

**百会**

在头顶正中线与两耳尖连线的交叉处。

**气海**

身体前正中线，脐中下1.5寸。

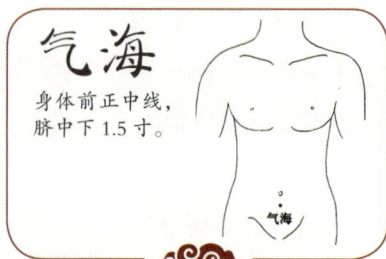

盘膝而坐，保持平静呼吸，左手持一念珠，使念珠对准穴位，心中默念"1、2、3、4、5、6、7、8"按压穴位，重复8次，共64次。

盘膝而坐，保持平静呼吸，左手持一念珠，使念珠对准穴位，心中默念"1、2、3、4、5、6、7、8"按压穴位，重复8次，共64次。

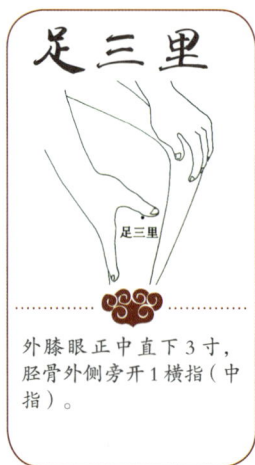

**足三里**

外膝眼正中直下3寸，胫骨外侧旁开1横指（中指）。

保持平静呼吸，右手持一念珠，使念珠对准右侧穴位，心中默念"1、2、3、4、5、6、7、8"按压穴位，重复8次，共64次。对侧也按相同方法操作。

### （3）饮食起居

夏当避暑，冬当避寒，避免过劳。常食益气健脾、营养丰富、易消化食物，如粳米、糯米、小米、大麦、山药、土豆、大枣、香菇、鸡肉、鹅肉、兔肉、鹌鹑、牛肉、青鱼、鲢鱼、鳜鱼、鳝鱼等，少吃耗气食物，如青萝卜、槟榔、空心菜、金橘等。

### （4）运动及音乐

可进行一些偏柔缓的运动，如散步、太极拳(剑)、八段锦、五禽戏等。欣赏具有田园、山野等自然风格、轻柔和缓的乐曲，如《春江花月夜》《月儿高》《月光奏鸣曲》《高山》《流水》。

### （5）气虚体质调理茶

太子参 5 克，黄芪 6 克，陈皮 2 克，红景天 3 克。

方中的太子参有补虚扶正、益气强身的功用；黄芪有益气固表、敛汗固脱之效。陈皮理气健胃；红景天益气活血，通脉平喘，用于气虚血瘀、倦怠气喘等症。此方调补五脏之气、养血安神、强身健体的功效好。

【制作方法】将 4 种药材研成粉末置于杯中，沸水冲泡加盖闷置 5 分钟后，即可饮用。可在做体质调理操前后饮用。

## 4. 痰湿体质

### （1）入静调心

瞑目静坐，两唇轻合，舌抵上腭，摒除思虑，平缓深呼吸，静心凝神。双手握念珠放在大腿上，双手拇指和食指顺时针捻动念珠，如为佛教徒可在心中反复默念"南无观世音菩萨"5~10 分钟；非佛教徒可随自己平缓深呼吸，默念呼吸次数 5~10 分钟。

### （2）特效穴位及手法

**内关：** 用念珠选择"点压"手法按压穴位。

**中脘：** 用念珠选择"点压"手法按压穴位。

**丰隆：** 用念珠选择"点压"手法按压穴位。

**阴陵泉：** 用念珠选择"点压"手法按压穴位。

**足三里：** 用念珠选择"点压"手法按压穴位。

**三阴交：** 用念珠选择"点压"手法按压穴位。

## 内关

前臂掌侧，腕掌横纹中点向上2寸，掌长肌肌腱与桡侧腕屈肌肌腱之间。

内关

盘膝而坐，保持平静呼吸，右手持一念珠，使念珠对准左侧穴位，心中默念"1、2、3、4、5、6、7、8"按压穴位，重复8次，共64次。对侧也按相同方法操作。

## 中脘

前正中线上，脐上4寸处。

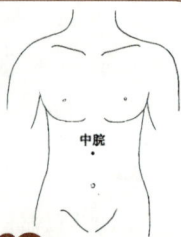

中脘

盘膝而坐，保持平静呼吸，左手持一念珠，使念珠对准穴位，心中默念"1、2、3、4、5、6、7、8"按压穴位，重复8次，共64次。

## 丰隆

小腿前外侧，膝眼和外踝的连线中点。

丰隆

保持平静呼吸，右手持一念珠，使念珠对准右侧穴位，心中默念"1、2、3、4、5、6、7、8"按压穴位，重复8次，共64次。对侧也按相同方法操作。

## 阴陵泉

阴陵泉

在小腿内侧，膝下胫骨内侧髁下方凹陷中。

保持平静呼吸，左手持一念珠，使念珠对准右侧穴位，心中默念"1、2、3、4、5、6、7、8"按压穴位，重复8次，共64次。对侧也按相同方法操作。

# 足三里

外膝眼正中直下3寸，胫骨外侧旁开1横指（中指）。

足三里

保持平静呼吸，右手持一念珠，使念珠对准右侧穴位，心中默念"1、2、3、4、5、6、7、8"按压穴位，重复8次，共64次。对侧也按相同方法操作。

# 三阴交

足内踝尖上3寸，胫骨内侧缘后方。

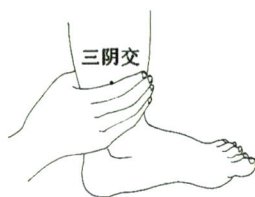

三阴交

保持平静呼吸，左手持一念珠，使念珠对准右侧穴位，心中默念"1、2、3、4、5、6、7、8"按压穴位，重复8次，共64次。对侧也按相同方法操作。

### （3）饮食起居

远离潮湿，阴雨季避湿邪侵袭，多做户外活动，常洗热水澡，多穿衣，多晒太阳。宜食甘温、健脾利湿食物，如冬瓜、红小豆、扁豆、白萝卜、南瓜、紫菜、洋葱、薏苡仁、包菜、茯苓、海参、鲍鱼、杏子、荔枝、柠檬、樱桃、杨梅、槟榔、佛手、栗子等；少食甜黏油腻，少喝酒，勿过饱，少吃油盐，少吃贝类海产品；忌吃生冷性寒之品，忌吃饴糖、柚子、李子、柿子、肥肉。

### （4）运动及音乐

多参加社会活动，培养广泛的兴趣爱好，不过度思虑，豁达乐观。宜听激昂高亢的音乐，如徵调式乐曲《山居吟》《文王操》《樵歌》《渔歌》《步步高》《狂欢》《解放军进行曲》《卡门序曲》。

### （5）痰湿体质调理茶

荷叶 4 克，槐角 4 克，槐米 4 克，薏苡仁 6 克。

方中薏苡仁有利水渗透湿、健脾止泻的作用。荷叶可促进肠道蠕动，排出毒素，还可排水利尿，荷叶中芳香族化合物能有效溶解脂肪，防止脂肪积滞体内；槐角、槐米一体同源可软化血管，降胆固醇。这些药食的配伍组合使全方具有清而不燥、补而不滞的特点，有补养脾胃、益肺强肾、利水除湿、补气化痰等功效，既能除体内的痰湿之气，又能滋补虚弱的身体。

【制作方法】将 4 种药材研成粉末置于杯中，沸水冲泡加盖闷置 5 分钟后，即可饮用。可在做体质调理操前后饮用。

## 5. 湿热体质

### （1）入静调心

瞑目静坐，两唇轻合，舌抵上腭，摒除思虑，平缓深呼吸，静心凝神。双手握念珠放在大腿上，双手拇指和食指顺时针捻动念珠，如为佛教徒可在心中反复默念"南无观世音菩萨"5~10 分钟；非佛教徒可随自己平缓深呼吸，默念呼吸次数 5~10 分钟。

## （2）特效穴位及手法

**合谷：** 用念珠选择"点压"手法按压穴位。

**曲池：** 用念珠选择"点压"手法按压穴位。

**丰隆：** 用念珠选择"点压"手法按压穴位。

**阴陵泉：** 用念珠选择"点压"手法按压穴位。

**足三里：** 用念珠选择"点压"手法按压穴位。

**三阴交：** 用念珠选择"点压"手法按压穴位。

合谷

在手背，第1、2掌骨间，第2掌骨桡侧的中点处。

盘膝而坐，保持平静呼吸，右手持一念珠，使念珠对准左侧穴位，心中默念"1、2、3、4、5、6、7、8"按压穴位，重复8次，共64次。对侧也按相同方法操作。

曲池

肘部弯曲时肘横纹桡侧端。

盘膝而坐，保持平静呼吸，右手持一念珠，使念珠对准左侧穴位，心中默念"1、2、3、4、5、6、7、8"按压穴位，重复8次，共64次。对侧也按相同方法操作。

## 丰隆

小腿前外侧，膝眼和外踝的连线中点。

丰隆

保持平静呼吸，右手持一念珠，使念珠对准右侧穴位，心中默念"1、2、3、4、5、6、7、8"按压穴位，重复8次，共64次。对侧也按相同方法操作。

## 阴陵泉

在小腿内侧，膝下胫骨内侧髁下方凹陷中。

阴陵泉

保持平静呼吸，左手持一念珠，使念珠对准右侧穴位，心中默念"1、2、3、4、5、6、7、8"按压穴位，重复8次，共64次。对侧也按相同方法操作。

## 足三里

外膝眼正中直下3寸，胫骨外侧旁开1横指（中指）。

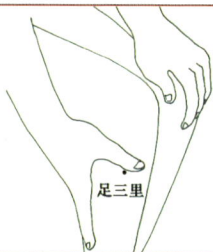

足三里

保持平静呼吸，右手持一念珠，使念珠对准右侧穴位，心中默念"1、2、3、4、5、6、7、8"按压穴位，重复8次，共64次。对侧也按相同方法操作。

# 三阴交

足内踝尖上 3 寸，胫骨内侧缘后方。

三阴交

保持平静呼吸，左手持一念珠，使念珠对准右侧穴位，心中默念"1、2、3、4、5、6、7、8"按压穴位，重复 8 次，共 64 次。对侧也按相同方法操作。

### （3）饮食起居

避暑湿（热），干燥通风，多户外活动。宜食甘寒、甘平、清热利湿食物。常吃红小豆、绿豆、薏苡仁、芹菜、黄瓜、冬瓜、藕、荸荠、西红柿、草莓、茵陈蒿；可适量吃苦瓜、苦苣、西瓜；少食甜黏油腻，少饮酒，少吃油盐；忌辛温、滋腻，勿过饱。

### （4）运动及音乐

长期坚持运动，如健身舞、韵律操、骑自行车。可经常听一些悠闲、和缓的音乐。中国古典音乐中的古琴、萧独奏等，颐养心神。可听宫调式乐曲《春江花月夜》《月儿高》《月光奏鸣曲》《高山》《流水》《摇篮曲》。

### （5）湿热体质调理茶

生薏苡仁 6 克，淡竹叶 4 克，金银花 4 克，赤小豆 3 克。

方中薏苡仁性凉，有健脾补气、利水渗湿的功效；金银花性可清除湿热、解毒消肿；赤小豆行血补血、健脾去湿、利水消肿。4 种药食同源之材互相配伍组合，可以增进彼此的功效，化湿清热，可以帮助湿热体质的人清除体内湿热，能使湿热体质向平和体质转换。

【制作方法】将薏苡仁、赤小豆研成粉末与淡竹叶、金银花一起置于杯中；沸水冲泡加盖闷置 5 分钟后，即可饮用。可在做体质调理操前后饮用。

### 6. 血瘀体质

#### （1）入静调心

瞑目静坐，两唇轻合，舌抵上腭，摒除思虑，平缓深呼吸，静心凝神。双手握念珠放在大腿上，双手拇指和食指顺时针捻动念珠，如为佛教徒可在心中反复默念"南无观世音菩萨"5~10分钟；非佛教徒可随自己平缓深呼吸，默念呼吸次数 5~10 分钟。

#### （2）特效穴位及手法

**合谷：** 用念珠选择"点压"手法按压穴位。

**膈俞：** 用念珠选择"摩擦"手法按压穴位。

**足三里：** 用念珠选择"点压"手法按压穴位。

**阳陵泉：** 用念珠选择"点压"手法按压穴位。

合谷

合谷

在手背，第1、2掌骨间，第2掌骨桡侧的中点处。

盘膝而坐，保持平静呼吸，右手持一念珠，使念珠对准左侧穴位，心中默念"1、2、3、4、5、6、7、8"按压穴位，重复8次，共64次。对侧也按相同方法操作。

# 膈俞

第 7 胸椎棘突下，正中线旁开 1.5 寸处。

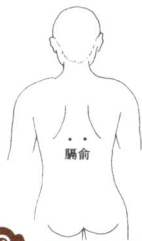

膈俞

# 足三里

外膝眼正中直下 3 寸，胫骨外侧旁开 1 横指（中指）。

足三里

盘膝而坐，保持平静呼吸，左手持一念珠，使念珠对准右侧穴位，心中默念"1、2、3、4、5、6、7、8"摩擦穴位，重复8次，共64次。对侧也按相同方法操作。

保持平静呼吸，右手持一念珠，使念珠对准右侧穴位，心中默念"1、2、3、4、5、6、7、8"按压穴位，重复8次，共64次。对侧也按相同方法操作。

第四篇

盘念珠与调理体质

# 阳陵泉

阳陵泉

在小腿外侧，腓骨头前下方凹陷处。

保持平静呼吸，右手持一念珠，使念珠对准右侧穴位，心中默念"1、2、3、4、5、6、7、8"按压穴位，重复8次，共64次。对侧也按相同方法操作。

### （3）饮食起居

居住宜温不宜凉；冬应防寒；多做户外活动。吃辛温、活血化瘀食物，如山楂、桃仁、油菜、黑大豆、红糖、丝瓜、莲藕、洋葱、蘑菇、香菇、猴头菇、木耳、海带、魔芋、金针菇、菠萝、橘仁、菱角等；少吃蛋黄、蟹子、猪肉、奶酪；适量饮用葡萄酒、黄酒。

### （4）运动及音乐

户外运动强度要适中，可进行小负荷、多次数的活动，如舞蹈、步行健身法、太极拳（剑）、五禽戏、导引。选择激昂高亢、令人振奋的音乐，如徵调式乐曲《山居吟》《文王操》《樵歌》《渔歌》《步步高》《狂欢》《解放军进行曲》《卡门序曲》。

### （5）血瘀体质调理茶

生山楂 2 克，沙苑子 6 克，桃仁 3 克，葛根 6 克。

此方具疏通血脉、活血散瘀、解郁止痛的功效。方中沙苑子补肾固精、清肝明目；桃仁活血祛瘀、润肠通便、止咳平喘，山楂消食积、散瘀血。从功效上来看，此方的每一种药物都是通络活血、祛瘀止痛的良品，桃仁的功效最强。配方组合在一起，可帮助血瘀体质的人疏通血脉使血液变得流畅。女性经期及孕期禁用。

【制作方法】将沙苑子、葛根研成粉末与山楂、桃仁一起置于杯中，沸水冲泡加盖闷置 5 分钟后，即可饮用。可在做体质调理操前后饮用。

## 7. 气郁体质

### （1）入静调心

瞑目静坐，两唇轻合，舌抵上腭，摒除思虑，平缓深呼吸，静心凝神。双手握念珠放在大腿上，双手拇指和食指顺时针捻动念珠，如为佛教徒可在心中反复默念"南无观世音菩萨" 5~10 分钟；非佛教徒可随自己平缓深呼吸，默念呼吸次数 5~10 分钟。

## （2）特效穴位及手法

**阳池：** 用念珠选择"点压"手法按压穴位。

**内关：** 用念珠选择"点压"手法按压穴位。

**支沟：** 用念珠选择"点压"手法按压穴位。

**膻中：** 用念珠选择"点压"手法按压穴位。

**肝俞：** 用念珠选择"摩擦"手法按压穴位。

### 阳池

· 阳池

在腕背横纹中，指伸肌肌腱的尺侧缘凹陷处。

盘膝而坐，保持平静呼吸，右手持一念珠，使念珠对准左侧穴位，心中默念"1、2、3、4、5、6、7、8"按压穴位，重复8次，共64次。对侧也按相同方法操作。

### 内关

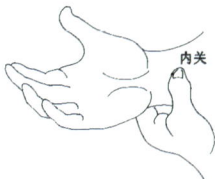

内关

前臂掌侧，腕掌横纹中点向上2寸，掌长肌肌腱与桡侧腕屈肌肌腱之间。

盘膝而坐，保持平静呼吸，右手持一念珠，使念珠对准左侧穴位，心中默念"1、2、3、4、5、6、7、8"按压穴位，重复8次，共64次。对侧也按相同方法操作。

# 支沟

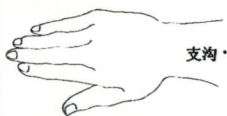

支沟·

腕横纹上3寸，尺骨
与桡骨之间。

盘膝而坐，保持平静呼吸，右手持一念珠，使念珠对
准左侧穴位，心中默念"1、2、3、4、5、6、7、8"
按压穴位，重复8次，共64次。对侧也按相同方法操作。

# 膻中

在前正中线上，
两乳头连线的
中点处。

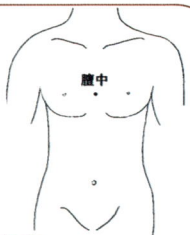

膻中

# 肝俞

第9胸椎棘突
下，正中线旁
开1.5寸处。

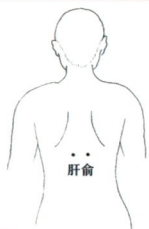

肝俞

盘膝而坐，保持平静呼吸，左手持一念
珠，使念珠对准穴位，心中默念"1、2、
3、4、5、6、7、8"按压穴位，重复8次，
共64次。

盘膝而坐，保持平静呼吸，左手持一念
珠，使念珠对准右侧穴位，心中默念"1、
2、3、4、5、6、7、8"摩擦穴位，重复
8次，共64次。对侧也按相同方法操作。

## （3）饮食起居

环境宜宽敞明亮，装饰宜明快亮丽；多做户外活动；衣着宽松、舒展、放松。宜吃辛温、疏肝理气的食物，如茴香、佛手、萝卜、橙子、柑子、刀豆、金橘等；少吃酸菜、乌梅、石榴、青梅、杨梅、酸枣、李子、柠檬等。

### （4）运动及音乐

宜动不宜静，动则养神，可进行跑步、球类、登山、太极拳（剑）、五禽戏、游泳、广场舞等户外运动。多听轻快、明朗、激越的音乐，如徵调式乐曲《山居吟》《文王操》《樵歌》《渔歌》《步步高》《狂欢》《解放军进行曲》《卡门序曲》及角调式乐曲《列子御风》《庄周梦蝶》《春之声圆舞曲》《蓝色多瑙河》《江南丝竹乐》《春风得意》。

### （5）气郁体质调理茶

月季花4克，玫瑰花4克，玳玳花4克，绿梅花4克。

方中的玳玳花行气宽中、疏肝、和胃、消食、化痰，可用于胸腹闷胀痛、食积不化；绿梅花味酸涩，性平，入肝、肺二经，有舒肝、和胃、化痰之功效；月季花与玫瑰花，补肝养胃、理气活血、解郁止痛。气郁体质的人可经常配制理气解郁的花茶饮用以达到补肝和胃、理气解郁的目的。

【制作方法】将4种花置于杯中，沸水冲泡加盖闷置5分钟后，即可饮用。可在做体质调理操前后饮用。

### 8. 特禀体质

#### （1）入静调心

瞑目静坐，两唇轻合，舌抵上腭，摒除思虑，平缓深呼吸，静心凝神。双手握念珠放在大腿上，双手拇指和食指顺时针捻动念珠，如为佛教徒可在心中反复默念"南无观世音菩萨"5~10分钟；非佛教徒可随自己平缓深呼吸，默念呼吸次数5~10分钟。

#### （2）特效穴位及手法

**合谷：**用念珠选择"点压"手法按压穴位。

**曲池：**用念珠选择"点压"手法按压穴位。

**大椎：**用念珠选择"摩擦"手法按压穴位。

**三阴交：**用念珠选择"点压"手法按压穴位。

**足三里：**用念珠选择"点压"手法按压穴位。

## 合谷

在手背，第1、2掌骨间，第2掌骨桡侧的中点处。

合谷

盘膝而坐，保持平静呼吸，右手持一念珠，使念珠对准左侧穴位，心中默念"1、2、3、4、5、6、7、8"按压穴位，重复8次，共64次。对侧也按相同方法操作。

## 曲池

肘部弯曲时肘横纹桡侧端。

曲池

盘膝而坐，保持平静呼吸，右手持一念珠，使念珠对准左侧穴位，心中默念"1、2、3、4、5、6、7、8"按压穴位，重复8次，共64次。对侧也按相同方法操作。

## 大椎

第7颈椎棘突下凹陷中。

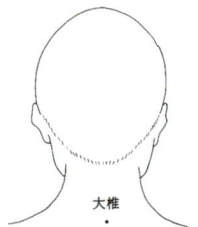

大椎

盘膝而坐，保持平静呼吸，右手持一念珠，使念珠对准穴位，心中默念"1、2、3、4、5、6、7、8"摩擦穴位，重复8次，共64次。

# 三阴交

足内踝尖上3寸，胫骨内侧缘后方。

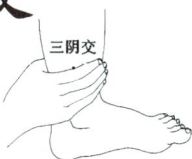

三阴交

# 足三里

外膝眼正中直下3寸，胫骨外侧旁开1横指（中指）。

足三里

保持平静呼吸，左手持一念珠，使念珠对准右侧穴位，心中默念"1、2、3、4、5、6、7、8"按压穴位，重复8次，共64次。对侧也按相同方法操作。

保持平静呼吸，右手持一念珠，使念珠对准右侧穴位，心中默念"1、2、3、4、5、6、7、8"按压穴位，重复8次，共64次。对侧也按相同方法操作。

**（3）饮食起居**

过敏季节少做户外活动，尽量避免接触冷空气及明确知道的过敏物质；居室常通风，保持空气清新；随季节变化增减衣被。宜食清淡、益气固表之品。常吃糙米、蔬菜、蜂蜜、香菇、灰树花、茶树菇、姬松茸等；少食荞麦、蚕豆、白扁豆、牛肉、鹅肉、鲤鱼、虾、蟹、茄子等腥膻发物及含致敏物质的食物；忌烟酒，忌过敏原食物，忌辣椒、浓茶、咖啡等辛辣之品。

**（4）运动及音乐**

坚持运动以增强体质，可选择慢跑、瑜伽、散步、太极拳（剑）、八段锦等。根据个人喜好选择音乐，各种风格的音乐可以交替欣赏。

**（5）特禀体质调理茶**

黄芪6克，防风4克，炒白术4克，甘草4克。

方中黄芪益气固表敛汗生津、消疮生肌、利水消肿；防风祛风解表、利湿解痉、止痛止痒；白术补脾益胃固表。这三味药材的配伍组合可杀菌消炎、抗衰老具有祛邪而不伤正的特点，既可以有效地缓解和治疗过敏体质的各种不适又能增强体质。

【制作方法】将4种药材研成粉末放入杯中，沸水冲泡加盖闷置5分钟后，即可饮用。可在做体质调理操前后饮用。

## 9.平和体质

### （1）入静调心

瞑目静坐，两唇轻合，舌抵上腭，摒除思虑，平缓深呼吸，静心凝神。双手握念珠放在大腿上，双手拇指和食指顺时针捻动念珠，如为佛教徒可在心中反复默念"南无观世音菩萨"5~10分钟；非佛教徒可随自己平缓深呼吸，默念呼吸次数5~10分钟。

### （2）特效穴位及手法

**神阙：**用念珠选择"点压"手法按压穴位。

**命门：**用念珠选择"摩擦"手法按压穴位。

**三阴交：**用念珠选择"点压"手法按压穴位。

**神阙**

在脐中部，脐中央。

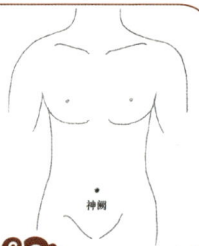

神阙

**命门**

第2、3腰椎棘突间。

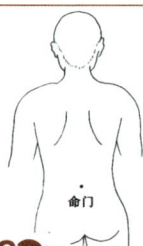

命门

保持平静呼吸，左手持一念珠，使念珠对准穴位，心中默念"1、2、3、4、5、6、7、8"按压穴位，重复8次，共64次。

盘膝而坐，保持平静呼吸，左手持一念珠，使念珠对准侧穴位，心中默念"1、2、3、4、5、6、7、8"摩擦穴位，重复8次，共64次。

# 三阴交

足内踝尖上3寸，胫骨内侧缘后方。

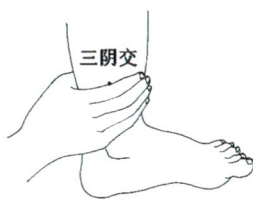

保持平静呼吸，左手持一念珠，使念珠对准右侧穴位，心中默念"1、2、3、4、5、6、7、8"按压穴位，重复8次，共64次。对侧也按相同方法操作。

# 足三里

外膝眼正中直下3寸，胫骨外侧旁开1横指（中指）。

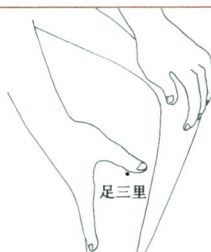

保持平静呼吸，右手持一念珠，使念珠对准右侧穴位，心中默念"1、2、3、4、5、6、7、8"按压穴位，重复8次，共64次。对侧也按相同方法操作。

第四篇 ——盘念珠与调理体质——

**足三里：** 用念珠选择"点压"手法按压穴位。

### （3）饮食起居

起居顺应四时阴阳，劳逸结合，生活规律。食物多样化，饮食有节，膳食平衡，四时调补，气味调和，不可偏寒、偏热。

### （4）运动及音乐

适度运动即可，如散步、八段锦、健身舞、太极拳（剑）、五禽戏。根据个人喜好选择音乐。

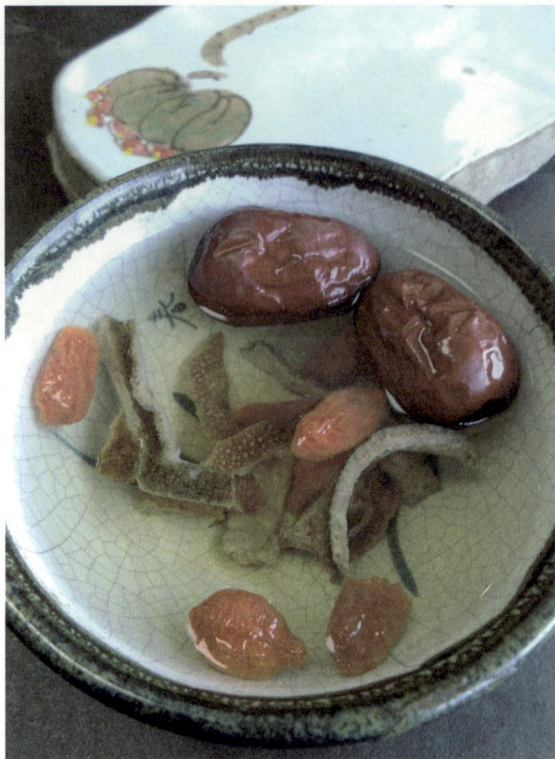

平和体质调理茶

### （5）平和体质调理茶

陈皮2克，枸杞子3克，大枣2枚。

茶中枸杞子益气健脾、滋阴补肾、养肝明目、强健筋骨、延年益寿，同时还能降低血糖、调脂和动脉粥样硬化；陈皮理气健胃、消食化滞、消积散瘀；大枣益气和中、养血安神，是一种老少皆宜及产后体虚之人的滋补良品。此茶具平补五脏、益养气血、增进食欲、促进消化、强身健体的功效，经常服用可以精力充沛，延年益寿。

【制作方法】大枣去核洗净，与略洗过的陈皮、枸杞子一起沸水冲泡加盖闷置5分钟后，即可饮用。可在做体质调理操前后饮用。加入适量蜂蜜，风味会更佳。

# 普及版盘念珠养生操

## 1. 捻珠入静调心神

瞑目静坐，两唇轻合，舌抵上腭，摒除思虑，平缓深呼吸，静心凝神。双手握念珠放在大腿上，双手拇指和食指顺时针捻动念珠，如为佛教徒可在心中反复默念"南无观世音菩萨" 5~10 分钟；非佛教徒可随自己平缓深呼吸，默念呼吸次数 5~10 分钟。

## 2. 念珠摩颈一身轻

用念珠在颈后和肩膀摩擦。从上向下摩擦督脉上的风府至大椎穴，再摩擦膀胱经上的天柱至大杼穴，左右各一条，最后从风池穴摩擦至肩上的肩井穴，左右各一条，风池穴到颈根部从上向下摩擦，肩井穴从内向外摩擦。每次每条线摩擦 20 次。

穴位：大椎、风池。

大椎——防治感冒、咳嗽、肩背痛。

风池——防治头痛、眩晕、目痛、鼻出血。

**功效：对治疗头痛、眩晕、颈项强痛、目赤痛、目泪出、鼻渊、鼻出血、耳聋、气闭、感冒、瘿气、落枕、荨麻疹等疾患都有一定的功效。**

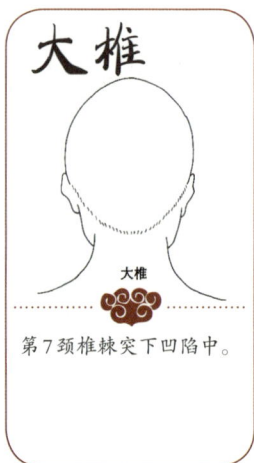

大椎

大椎

第 7 颈椎棘突下凹陷中。

盘膝而坐，保持平静呼吸，右手持一念珠，使念珠对准穴位，心中默念"1、2、3、4、5、6、7、8"摩擦穴位，重复 8 次，共 64 次。

# 风池

在后头部，枕骨下两侧后发际处，斜方肌上端与胸锁乳突肌之间的凹陷处。

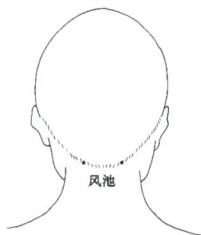

风池

盘膝而坐，保持平静呼吸，右手持一念珠，使念珠对准右侧穴位，心中默念"1、2、3、4、5、6、7、8"摩擦穴位，重复8次，共64次。对侧也按相同方法操作。

普及版盘念珠养生操

### 3. 念珠滚腹身材好

明代医家龚居中在其所著的养生专著《福寿丹书·安养篇·饮食》中对于吃饭之后的养生细节有这样一段描述："每食讫，以手摩面及腹，令津液通流。"这里的"讫"读"qì"，意思是结束。

用念珠滚动按摩腹部，有助于促进胃肠蠕动和腹腔内血液循环，减少腹部脂肪堆积，还有益于增强胃肠功能。具体做法一般是以神阙穴（脐部）为中心，以念珠慢而轻柔地顺时针按摩，以腹部微微发热为度，每次64圈。中医学认为，津液的生成源于饮食中的水分和营养物质，按摩腹部就是一个帮助水谷津液在人体内更好地被消化、吸收及排泄的过程。

穴位：神阙、天枢、外陵、水道。

神阙——防治胃炎、肠炎。

天枢——防治胃肠病证、月经不调、痛经。

外陵——防治腹痛、痛经。

水道——防治腹胀、小便不利、痛经。

**功效：**有助于促进胃肠蠕动和腹腔内血液循环，减少腹部脂肪堆积，还有益于增强胃肠功能。

### 4. 珠摩肾区防衰老

中医学认为，温补肾阳有助延缓衰老，位于后腰部位的肾俞也是补肾要穴，肾俞位于人体的腰部，在第 2 腰椎棘突下，左右二指宽处。以肾俞为中心的周围手掌大小的区域都是可以温补肾阳的按摩区域。有时间时，尤其是感觉腰酸背痛、肾区虚冷时都可以用念珠按摩肾区。具体要领是舌抵上腭，双目微闭，双臂后展，用念珠摩擦双肾俞穴及周围区域，至出现酸胀感，且腰部微微发热，一般每次 5~10 分钟，不但有助于防衰老，也对治疗腰膝酸软和性冷淡也有一定的效果。

穴位：肾俞、气海、上髎、会阳、志室。

肾俞——防治腰痛、生殖泌尿系统疾病、耳鸣、耳聋。

气海——防治腹痛、泄泻、月经不调、痛经、遗精、阳痿、遗尿。

上髎——防治小便不利、月经不调、阴挺、遗精、阳痿、腰骶痛。

会阳——防治腹泻、便血、痔、阳痿。

志室——防治遗精、阳痿等肾虚病证，小便不利，腰痛。

**功效：**有助于防衰老，对治疗腰膝酸软和性冷淡也有一定的效果。

### 5. 念珠滚动疾患少

中医学认为，人体的手臂及手部分布着六条经脉，分别是分布在手臂的外侧、由手走头的手三阳经：手阳明大肠经、手太阳小肠经和手少阳三焦经；分布在手臂的内侧、由胸走手的手三阴经：手太阴肺经、手厥阴心包经与手少阴心经。

用念珠滚动摩擦这些经脉循行的部位，每条经脉摩擦 20 次，有助于促进经络的气血运行，使其保持顺畅，而且对心、肺、大肠、小肠等脏腑的保养也有功效，力度以皮肤稍红为度，经常滚动摩擦有助保持皮肤弹性，增加肌肤活力，尤其适用于中老年人。

穴位：肺经、心经、心包经、大肠经、小肠经穴。

**功效：有助于促进经络的气血运行，使其保持顺畅，而且对心、肺、大肠、小肠等脏腑的保养也有功效，经常刮磨有助保持皮肤弹性。**

### 6. 揉搓念珠百病消

具体步骤：左手持念珠，用右手五指指腹及指尖用力点按念珠，有节奏地反复揉搓 64 次，力度为指尖稍感酸胀为度；右手做法同左手。不少人都听说过金庸所著武侠小说《天龙八部》里的"六脉神剑"，这六路"神剑"其实是以中医的六个穴位命名的，分别指的是"少商剑、商阳剑、中冲剑、关冲剑、少冲剑和少泽剑"。现实生活中，这些穴位自然不会有武侠小说中的那些威力，但是的确有一定的保健效果，指压揉搓念珠能起到"六剑同练"的锻炼效果。

少商穴在双手拇指末节外侧（尺侧），距指甲角 0.1 寸，刺激该穴对于扁桃体炎、感冒发热、咽喉肿痛都有较好疗效。少商穴不宜艾灸，

适合按摩。

商阳穴位于食指末节桡侧指甲旁，距指甲角 0.1 寸，刺激该穴具有强精壮阳之效，可延缓性衰老。

中冲穴位于手中指指端的中央，如果心绞痛突然发作，可采取刺激该穴位的方法急救，频率约为每分钟 100 次，能起到一定的缓解作用。

关冲穴位于无名指指甲旁靠近小指一侧，刺激该穴有泻热开窍、清利头目的功效。

少冲穴在小指内侧（桡侧）指甲角外约 0.1 寸处，对于心火上炎导致的心中烦热、口舌生疮、尿黄等症，可通过点按少冲穴缓解。

少泽穴在小指外侧（尺侧）指甲角根部，刺激该穴对于治疗乳房胀痛、乳汁少等乳房疾病有效，还可治头痛、咽喉肿痛等病。需要注意的是，孕妇慎用。

# 后 记

　　我喜欢盘念珠和收藏念珠有很多年了。回想起来，缘起十多年前，国内著名的高僧，南京栖霞寺本振长老在南京市中西医结合医院住院期间，我在与本振长老朝夕相处的日子里，深受本振长老渊博的佛学知识所教导，受益颇多。从此我开始关注佛学，也结识了一些佛教界的朋友。

　　我是学医的，因此也一直在思考，佛教中的养生智慧与中医学、现代医学的相关性和相通性。我们且不去谈论博大精深的佛教理论，千百年传承下来，让念珠由禅修悟道的工具，演变为众生祈福、安心且非常流行的装饰物件。不论信佛与否，能让我们在面对烦恼喧嚣时，盘一串手中的念珠，修心养性，帮助我们恢复身心健康，更好地学习、工作、生活，又何乐而不为呢？这是我们编写本书的初衷和愿望。

　　在本书的编写过程中，得到了国内外一些医学专家、学者和佛教界高僧、博士的关注、支持和帮助，在此深表谢意！

　　亲爱的读者，感谢您在百忙中阅读本书，愿您在品茶盘念珠、修心悟道养生中，得到"身体无痛苦，灵魂无纷扰"的五福人生！

张　明

2017 年 2 月